JN204903

これからの病院経営を担う人材

医療経営士テキスト

第3版

医療経営史

医療の起源から巨大病院の出現まで

初 級

酒井シヅ 編著

1

日本医療企画

はじめに

　本書は「医療経営史」と謳っているが、経営といってもその幅は広く、その内容は深い。そこでまず、「医療史」と「病院の歴史」について基本的なことを述べることにした。医療経営士初級において大切なことは、現代医療の"実際"を知ることであるが、それはとても複雑である。しかし、医療の原点、すなわち医療は治療者と患者からなるということは、どんなに時代が変わっても変わらない。医療の原点を知り、病院の歴史や変遷を学ぶことが複雑な現代の医療を知るためにより効率的な学び方であろう。

　21世紀の医療は医学の驚異的な進歩によって様相を大きく変えた。現代医学・医療は20世紀半ばと比べても大きく変化した。たとえば、病気の種類が変わった。1950年頃は、まだペニシリン(抗菌剤)は高嶺の花であったから、患者は丹毒や結核で次々と簡単に亡くなった。しかし、それからほどなくして、抗生物質が普及し、CT、MRI、超音波など高度な診断機器が驚異的に発展した結果、多くの病気の原因がわかるようになり、多くの病気が治るようになった。反面、治らない病気は慢性疾患となり、多くの人びとを悩ませている。その結果、現代医学だけでなく、漢方など伝統医学へと視野が広がった。

　現代はこうした医学の進歩、広がりだけでなく、医療体系が大きく変化した。たとえば、1950年以前では病院に入院することはまれであった。たとえ病院に入院したとしても、病院に布団を持ち込み、病室で患者の家族が食事の煮炊きをしていた。また看護師は患者に目を向けるより、医師などの助手を務めることが主たる業務であった。

　その時代、病院に入院するのは、よほど重体であるか、結核などの慢性疾患の患者であった。また、病院の数も少なかった。それが1950年代後半に入り、消化器外科、特に虫垂炎(盲腸)の手術が特異的に増えて、市中の病院の数が急増した。

　1960年代になると国民皆保険制度が実施され、患者にとって医療や病院が身近になり、入院が日常的になると同時に最期の場所となった。それは良い面が多かったが、それだけでなかった。ターミナルケアが社会問題になってきた。当時、「畳の上で死にたい」と、終末期の濃厚な医療に対する反省が生まれた。また、人工呼吸器の普及によって最期のときの迎え方が問題になり、「尊厳死」という言葉が生まれた。こうした言葉がマスコミを通して社会に広まるにつれて、一般社会における医療に対する関心が高まった。

　同時に医療者と患者は同等な立場であるといって、患者の権利が重視され、患者に医療の内容を伝え、インフォームドコンセントを求められるようになった。ノンバーバール・コミュニケーション(非言語コミュニケーション)であったことを書面にしなければならない時

代になった。それは重要なことであるが、日常的になるまでにはまだ時間が必要である。

　以上述べたことは医療経営士にとって現代医療をより知るために重要な課題であるが、その根底には病者の生活、命そのものがあるのだということを、医療の成り立ちや歴史的変遷を踏まえて忘れないでほしい。

酒井　シヅ

目 次
contents

はじめに …………………………………………………………………………… ii

第 1 章 医療の起源

1 原始医療 ………………………………………………………………… 2
2 古代の医療 ……………………………………………………………… 4
3 ギリシャで誕生した経験医学 ……………………………………… 6

第 2 章 東西の医学

1 世界各地に存在する伝統医学 ……………………………………… 10

第 3 章 病院の歴史

1 病院の始まり …………………………………………………………… 16
2 キリスト教と病院 …………………………………………………… 18
3 病院の変容 ……………………………………………………………… 20
4 日本の病院 ……………………………………………………………… 22

第 4 章 病院施設の変遷

1 戦後の医療行政史と病院施設 ……………………………………… 26
2 病院施設の近代化とモデルプラン ……………………………… 30
3 病院の成長と変化 …………………………………………………… 32

4 看護と病棟 ……………………………… 34

5 患者と病室 ……………………………… 36

6 感染管理と施設環境 …………………… 38

7 病院経営と施設整備 …………………… 40

8 病院のBCP（事業継続計画） ………… 42

第 **5** 章 戦後から現代までの医療経営史

1 医療経営通史－終戦から現在まで（1） …………48

2 医療経営通史－終戦から現在まで（2） …………52

3 医療経営通史－終戦から現在まで（3） …………56

4 医療保険制度のあゆみ ……………………… 59

5 高齢者（老人）医療の発達 ………………… 61

6 介護保険制度 ………………………………… 65

7 在宅医療のあゆみ …………………………… 69

8 医療法改正の歴史 …………………………… 73

9 資金調達手法の多様化と消費税 …………… 77

10 基準看護制度 ……………………………… 79

11 医療の情報化と画像診断機器の発達 …… 82

12 医薬分業と後発医薬品の利用促進 ……… 86

13 健康診断のあゆみ ………………………… 90

14 予防接種のあゆみ ………………………… 95

15 先進医療と再生医療 ……………………… 99

16 医療の産業化と国際化 …………………… 102

【コラム】①医師数養成について …………………………………… 51

②診療報酬点数表とDPCの導入 ……………………… 55

③入院付添………………………………………………… 81

④画像診断機器の進歩 ………………………………… 85

⑤高額薬剤の登場と費用対効果評価の導入 ………… 89

⑥がん検診と成人病検診 ……………………………… 94

⑦予防接種健康被害者救済制度……………………… 97

【データBOX】①医療安全の歴史 …………………………………… 57

②高齢者医療制度の見直しに関する経緯…………… 63

③医療法の目的…………………………………………… 75

④医薬分業の利点 ……………………………………… 88

⑤最近の感染症対策のあゆみ………………………… 98

索　引…………………………………………………………………… 118

第1章

医療の起源

1 原始医療
2 古代の医療
3 ギリシャで誕生した経験医学

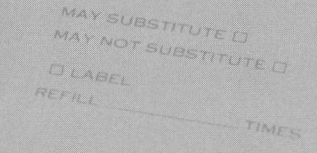

原始医療

1　医療の原点は病人の苦しみを除き、信頼を勝ち得ること

▎遺跡調査から明らかになってきた有史以前の医療

　医療の原点は病人の苦しみを除くことにあるが、医療は病人と治療する人がいてはじめて成立する関係であり、病人は治療者から慰められ、治療を信頼できたときに大きな効果が得られることは現代も同じである。

　ところで、近年の考古学の進歩で有史前の医療が明らかにされてきた。遺跡の便所の土から寄生虫卵などが発見されて、古代から寄生虫症が横行していたことが判明し、遺跡の骨にかなり重症な骨折でも自然治癒した痕を見ることができた（図1）。また、集落ができ

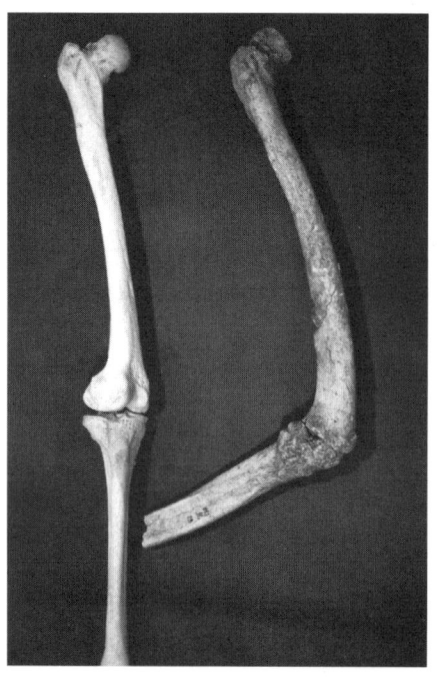

図1　骨折が治療して癒着した膝関節の骨（右）
この状態で長く生活した痕が大腿部に残る。左は正常な骨

図2　マラリアで死亡したツタンカーメン
遺伝子生物学の進歩で古代人の病気も明らかになった

ると、そこに結核が流行したことが、発掘された骨から判明した。最近、エジプトのミイラ、ツタンカーメン(図2)の死因がマラリアであったことが、遺伝子の調査で判明したと報道された。このように現代の病気が紀元前にも存在したことが明らかになっているが、そこではどのような治療が行われていたのだろうか、予想以上に合理的な医療が行われていたのだろう。

2 原始時代の医療はシャーマンによる呪術

特殊能力者が病人と神の媒介者となって治療

　原始時代の治療は、のちにシャーマン、ヒーラー、メディシン・マンと呼ばれる専門家が行っていたが、かれらは少年・少女時代から特殊な体験(トランス)などを経て、特異な能力を持ち、病人の信頼を勝ち得ていた。たとえば、シベリアのシャーマンはイニシエーション(秘伝の伝承)によって特殊能力を身につけたあと、病人の状態を神に告げて、神のことばを伝えて、呪術で病人を治療した。

　インディアンのメディシン・マンは秘密組織に属し、少年の時から長い間、徒弟修行を行う。薬の収穫法、製薬法、治療に至るまでの知識や魔術や神秘的方法を先輩のメディシン・マンから徹底的に教育を受ける。独立する前には、秘密組織のテストを受けなければならない。また、アフリカのメディシン・マンは奇怪な面をつけて踊り、集団で太鼓、笛など楽器をかき鳴らして原始宗教的な側面を強く見せる。薬などの合理的な医療に加え、原始宗教的な舞踊や音楽によって患者を幻想に導き、巧みに治療を行った。医療の効果を上げるには、合理的な治療だけでなく、患者の心理を巧みにとらえることが重要であることを物語っている。

薬の知識の蓄積・体系化で医師が誕生し、
狩猟の外傷治療で外科医が登場

　こうした経験を重ねたシャーマン等が簡単な薬の知識を持つようになり、神の意思を伝え、呪術をするだけでなく、薬を使って治療効果をあげることで病人の信頼をいっそう確かなものにして、社会的に特異な地位を得ていった。さらに薬の知識が蓄積され、体系化されて、薬師が生まれ、医師が誕生した。一方、狩猟などで外傷を重ねるうちに外科治療を経験して、長けた者の中から外科医が生まれ、助産の経験を重ねて妊婦の信頼を得た者が助産婦として登場するなど、さまざまな医術が分科して、徐々に医療社会の原型ができ上がったのである。そして、そこから現代医療が成立するまで数千年を要した。その歴史が医学・医療の歴史である。

② 古代の医療

1　古代文明社会では宗教と医療が密接に関係し、治療神が存在

　メソポタミア、エジプト、中国、インドなど古代文明諸国には紀元前3000年以上前からの医療の記録が残る。たとえば、メソポタミアのシュメール民族の粘土板の医書（図3）がこれまで発見された医書の中でもっとも古いといわれるが、メソポタミアの医書は時代が古いほど内容が素朴である。しかし、時代が下るにつれて、次第に呪文を唱えるなど治療が複雑になっている。

外科よりも内科および精神的疾患の治療が重視された古代

　ところで、古代文明社会ではどこも治療神が祀られていた。宗教と医療が密接に関係していることを示している。メソポタミアではエアと呼ばれる治療神であった。その息子マルドゥクと神官が治療に当たっていた。

　神官は内科および精神的な疾患の治療を担い、外科の治療は外科医が行ったが、外科医は神官より身分が低く置かれていた。世界最古の法典であるハンムラビ法典（紀元前1792－1750）には外科医の治療費などが規定されていたが、神官の医療は法律の規制外であった。

世界最古の法典に記されていた医療に関する報酬と罰則

　ハンムラビ法典の215章には「医師（外科医）が銅製メスを使って大きな手術をし、患者を救えば、あるいは銅製メスを使って、白内障の手術をし、その目が治れば10セケル銀を受け取って良い」とあり、その一方で「医師（外科医）が銅製メスを使って大きな手術を

図3　粘土板の医書

行い、その結果、患者を死に至らしめた場合、あるいは銅製メスを使って白内障を手術して、その目をつぶした場合には彼の手が切断される」と、医療についての報酬や罰則の規定がある。治療者は外科医、市民と奴隷では治療費が異なった。

2　寺院や神殿が治療の場となり、神官がのちの医師へと変化

治療神として祀られたのは実在の人物や神話の英雄

古代エジプトを代表する治療神はイムホテップ（図４）である。イムホテップはエジプトのファラオ・ジェッセル王（前2650年頃）に仕えた宰相で、最古のピラミッド、サッカラーの階段ピラミッドの設計者としても知られるが、聖職者でもあり、医師でもあった。イムホテップが葬られた墓で参拝者の病気が治るという奇跡が起こったことから、墓に寺院が建てられ、巡礼の場所となり、エジプトの治療神となったのである。

ヒポクラテス登場以前のギリシャの医術は、最古の文献であるホメーロスの叙事詩イリアースに見ることができる。英雄は誰もがある程度の医術の心得があった。強壮剤を飲ませたり、創傷の治療を行い、薬草に関する知識を持っていた。さらに時代が下がったオデュセイアには医術を専門とする者、イアトロスが現れる。イアトロスには社会的に高い地位が与えられ、積極的に治療を行った。イアトロスは前時代から比べれば医学に関する高い知識を持つが、解剖学や生理学などの知識はなかったようだ。

図4　エジプトの医神イムホテップ

紀元前８世紀になると、神秘的な治療が目立つようになる。医神を祀り、訪れる患者の相談を受ける神殿が各地にできた。レバデスではトロフォニオス神を祀り、オロボスではアンフィアラオス神が祀られた。

紀元前６世紀になると、アスクレピオスが治療神として崇（あが）められるようになった。アスクレピオスは蛇が巻き付いた杖をかならず持つ。父はアポロンで、父に代わりギリシャ文化圏の唯一の治療神となった。その後、アスクレピオスを祀った神殿はギリシャ全土に広まり、病人の巡礼地となった。現代のギリシャの各地にその遺跡を訪れることができる。人々は病気になると、自分自身で、あるいは人に負われて神殿に向かった。そこでは神官が治療者として重要な役割を担っていた。のちにこの神官から医師が誕生したのである。

③ ギリシャで誕生した経験医学

1　病気を観察し、事実を記録し、経験の積み重ねから結果を予測

　ギリシャでは紀元前500年頃から哲学の時代に入るが、この頃、ヒポクラテス（紀元前460－367、図5）が活躍した。ヒポクラテスは、神官が行った神へ呪文でのお告げを仲介して、病気の経過を予言するのではなく、病気を自然の現象としてとらえ、観察して、事実を記録し、経験の積み重ねから、結果を予測した。経験医学の誕生である。

医学の父・ヒポクラテスの教え──経験こそあらゆる医学知識の原点

　ヒポクラテス派の医術観はほぼ次のとおりである。「医は術に他ならない。術としての医術はおのずから限界がある。医師はそのことを自覚していなければならない。治療に際しては私利私欲を捨て、ひたすら患者のことを考えなければいけない。それにはモラルが要求される。要するに医師は自我を棄てて、患者に尽くすことができなければならない。治療に際しては経験を重視し、経験こそあらゆる医学知識の原点である」と述べている。

　ヒポクラテスの時代の記録は『ヒポクラテス全集』として残っている。それには治療経験の記録（流行病）、自己の経験だけでなく、先人達の記録から医術の課題と目的にふれた（古い医術）。病気の経過を注意深く観察して、病気の進行を予測する（予後）。治療には薬より食養生に重点を置いた（急性疾患の患者と食餌療法）、環境と病気が関係することを述べた（空気と水と土地）などがある。

　ギリシャ医学の流れは近世に科学的な医学に転換して、20世紀に入ってめざましい発展を見せた現代医学に続く。それ故に、ヒポクラテスが医学の父といわれるのである。

図5　**医学の父とされるヒポクラテス**

2　中国医学は薬草学や鍼灸の原理を現代に残す

▐ 『史記』の世界に描かれた脈診の達人・扁鵲や中国の医神

　中国の医学は3000年以上の歴史があるといわれる。1899年に甲骨文字が発見されてから、司馬遷の『史記』に出てくる殷王朝が実在したことが認められて、紀元前1384年前の医療が甲骨文字から明らかになった。『史記』にはまた、春秋時代（前8－前3世紀）に活躍した名医扁鵲伝がある。扁鵲が脈診の達人として名を成した逸話が残る。

　中国の医神は神農（図6）と黄帝である。神農は百草を舐めて、薬草を見つけたといわれる。神農の名前のついた『神農本草経』があり、医学ならびに鍼灸の原理を説いた『黄帝内経』という古典に名を残している。

図6　中国の医神として祀られる神農

第2章

東西の医学

1 世界各地に存在する伝統医学

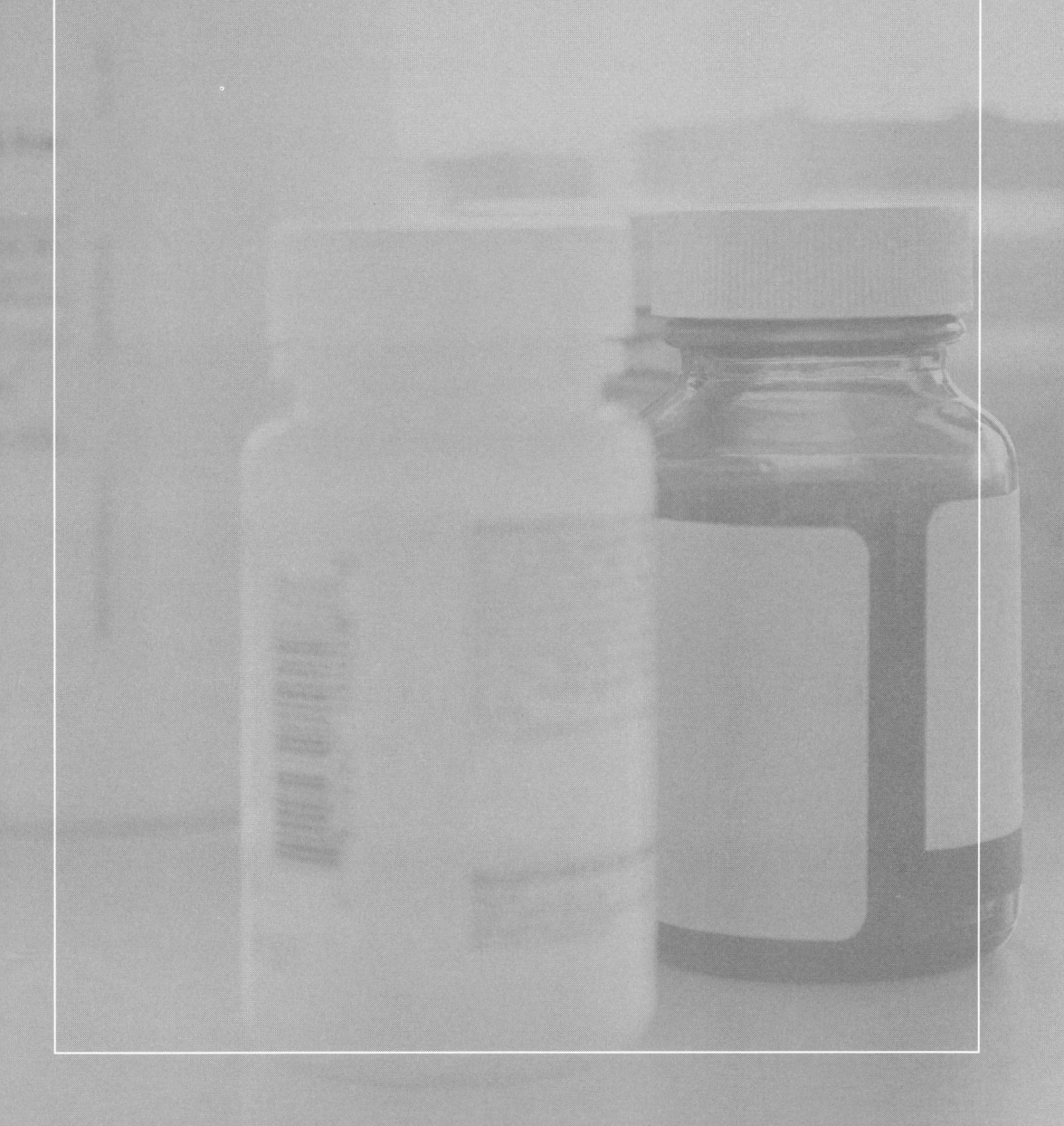

1 世界各地に存在する伝統医学

1 人類学的分類による伝統医学とコスモポリタン医学

アーユルヴェータ、漢方からユマニ、ホメオパシー、ヨガ……

　古代医学は西ではギリシャに始まり、ローマを経て、西ヨーロッパに広がり、ルネサンスを経て、近代医学へと歩みを進めた。

　一方、東の医学は中国から始まり、東アジアに広がった中国医学(漢方も含まれる)、インドで始まったアーユルヴェーダやヨガ、アラビア・イスラム圏に広がるユナニがある。いずれも古くから伝承されてきた医学で、伝統医学とも呼ばれる。

　しかし、WHO(世界保健機関)が認める伝統医学は東洋だけなく、ヨーロッパ、アフリカ、アメリカにも存在する。ヨーロッパのホメオパシー、アフリカやアメリカの原住民の医学もまた伝統医学である。したがって、現在、世界を制覇している現代医学を人類学者レスリーはコスモポリタン医学という。

他の伝統医学と一線を画される東洋医学

　現代医学以外に、世界中で実用されている伝承された医学はすべて伝統医学というべきである。しかし、中国医学もインドの医学も、アラビアの医学も他の伝統医学に比べて、学問として体系化され、圧倒的に多くの人々の間で愛用されている。しかもそれらは、いずれもアジアであるので、伝統医学といわず、西洋で興隆した現代医学に対して東洋医学と呼ぶのが通例になっている。

2 ヨーロッパを中心に発展した西洋医学の系譜

解剖学、物理学、天文学、化学を集大成し、科学的医学が展開

　われわれが西洋医学と呼ぶのは、20世紀の現代医学以前にヨーロッパで発展した医学である。それは古代ギリシャに始まり、アレキサンドリア、ローマ帝国を経て、中世ヨーロッパに僧院医学として広がり、ルネサンスの洗礼を受けて、16世紀の近世解剖学から

始まる実証的医学となり、新たな展開が始まった。

　17世紀、物理学、天文学の影響を受けて、ウィリアム・ハーヴェイが血液循環説を発見、医学は周辺科学の影響も受けて、飛躍的に発展した。18世紀になると、モルガーニの病理解剖学の登場で、ガレノス以来の病因論が完全に否定され、錬金術から発展した化学が化学的薬学の道を開き、19世紀に科学的医学が展開することになった。

古代医術を集大成したガレノスの医学理論「4体液説」

　ローマ時代に、ギリシャなどの古代医学は、ローマの大医学者ガレノス（125－200）（図7）によって集大成された。ガレノスが身体や病気のメカニズムを理論的に説明したことによって、医学は古代医術から脱却したのである。その医学思想が近世になるまでヨーロッパ医学を支配した基本理論となった。

　ガレノスは病気の原因を4体液説で説明した。これは血液、粘液、黄胆汁、黒胆汁のバランスが取れているときを健康とし、崩れると病気になるという説である。

図7　ガレノス

　ガレノスはまた、独特の身体機能の仕組みを考えた。心臓と脳と肝臓に重点を置き、それぞれの臓器にバイタル精気、アニマル精気、ナチュラル精気が存在するとした。心臓の精気は生命維持に働き、脳の精気は動物としての知的、運動活動を支配し、肝臓の精気は身体の栄養維持を司ると考えた。肝臓では小腸から送られてくる消化物を材料に血液が造られ、血液は肝臓から大小の血管を通って末梢に運ばれる。そのとき血管が動静脈か問われなかった。血液は末端ですべて消耗された。心臓は肺から精気を受け取り、動脈から気を末端に送った。大静脈の役割、肺の本当の役割を知らなかった（図8）。

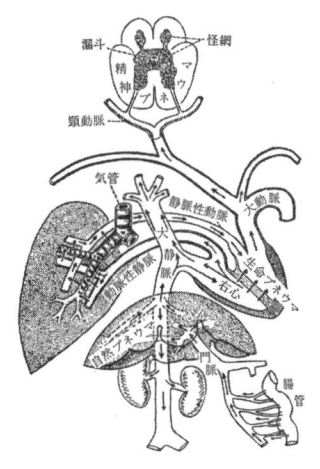

図8　ガレノスの血管系統図

静脈弁を決め手に血液の循環を発見したハーヴェイ

　ガレノスの理論を最初に破ったのがイギリスの医学者ウィリアム・ハーヴェイ（1578－1657）の血液循環説であった。ハーヴェイは、医学に動物実験を取り入れた功労者であるが、かれは動物の大小を問わず、血液の量が限定していることに注目して、血液が末端で消耗されるのでなく、一定量が体内を循環していることを想定して、実験をした。そして血液は循環することを発見したが、その決め手になったのが、静脈弁であった。静脈の血

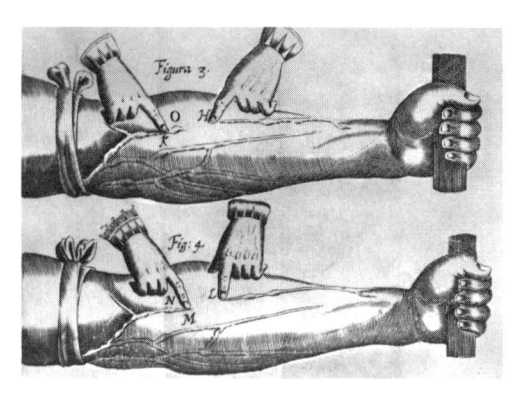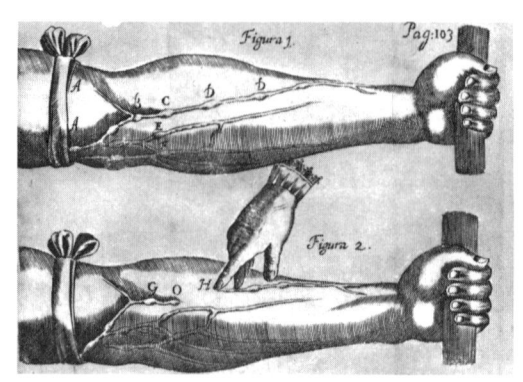

図9　ハーヴェイの静脈弁の証明

液が一方通行に流れることを立証したのである（図９）。

1500年間に渡るガレノスの病因説を翻したモルガーニの人体解剖

　ガレノスの４体液病因説が完全に否定されるのは18世紀になってからであった。イタリア・パドア大学の解剖学教授Ｇ．Ｂ．モルガーニ（1682－1771）が59年間に数百体の人体解剖を続けて病気には病巣があることを確認したことで、４体液のバランスの異常が病気の原因というガレノスの病因説は否定されたのであった。

共和制だけでなく病院中心の医学を生んだフランス革命

　18世紀末にフランス革命（1789）が発生して、フランスの古典的医学は根底から否定された。そこで生まれたのが病院を中心とした医学であった。病人の診察を第一とし、病理解剖で病気の原因を確かめる。そのとき生前に病因の場所を診断する新しい診断法が生まれた。打聴診法である。

医学に画期的な飛躍と発展をもたらしたX線と細菌の発見

　その後、診断法は進化を遂げたが、19世紀末にドイツの物理学者レントゲン（1845－1923）がX線を発見したことで、事情は一転した。20世紀に向けて新たに画像診断学の分野が大きく展開したのである。

　19世紀の医学の最大の発見は病原性細菌の発見であった。細菌学は顕微鏡の登場でオランダの生物学者レーウエンフック（1623－1723）がその道を開いた。古くから空気で感染するといわれてきたが、その原因が細菌であることがフランスの科学者ルイ・パスツール（1822－1895）、ドイツの細菌学者・化学者エールリッヒ（1854－1915）や同じくドイツの医師・細菌学者コッホ（1843－1910）によって突き止められた。細菌学はその後、血清学を生み、20世紀に免疫学へと発展した。

治療革命を起こした抗生物質と外科革命を起こした麻酔薬

治療の領域では18世紀末からの化学革命で、薬草から化学薬品へと治療薬の領域が広がり、いまでは遺伝子工学の発展とあいまってオーダーメイドの薬品までできるようになった。一方、それより先に20世紀に入ってばかりのときに発見された抗生物質は、病原菌を直接、退治するという治療革命を起こした。そのおかげ、古代から多くの人々が苦しめられてきた疫病から遁れることができるようになったのである。

ところで外科術は古来、痛みのために一定の制限を受けてきた。19世紀はじめ、阿片からモルヒネが抽出され、麻酔薬の研究が進み、麻酔で痛みを取り除くことに成功して以来、外科革命が起こった。内科で診断がついても、それまで傍観していた患部を手術で取り除くことが可能になった。ウィーン大学教授のビルロート（1829−1894）は1881年に胃ガンの摘出手術に、世界で始めて成功した。先端医学の分野での臓器移植、再生医療などは100年前には想像もできなかった医療であった。

外科革命が起こって、患部を取り除く外科治療法が広く行われるようになり、外科が薬物療法に頼る伝統的医療に取って代わった。その一方、薬学界では自然界の薬物の抽出から始まったエキスを化学薬品の製造まで発展させて、合成薬品を造り出した。20世紀に入ると、抗生物質の発見も加わって、治療革命が起きた。

人体は遺伝子・DNAレベルまで解析され、そして再生医療へ

オーストリアのメンデル（1822−1894）によって遺伝法則が発見されたのは明治維新と同年の1868年であったが、20世紀入って、電子顕微鏡の登場で細胞学が飛躍的に発展したことに伴い、細胞内の構造が解明されて、遺伝子の分野に新しい医学が開かれた。特筆すべきことは1953年のDNAの発見である。遺伝子の構造が解明された結果、人体は遺伝子レベルまで解析され、遺伝子の異常を治療する遺伝子工学まで現れた。21世紀の現代医学は細胞学、発生学の分野の飛躍的な発展によって再生医療が期待される時代になった。

3　東洋医学に端を発する統合医学の発展

現代生活にも取り入れられている気功、ヨガ、アロマテラピー

アジアの伝統医学には古代中国に発し、東アジアに広がる中国医学、インド大陸で広がるインド医学（アーユルヴェーダ）、ヨガ、アラビアから南アジアを含むイスラム圏に広がるユナニがある。それぞれ根強い支持者がいる。

伝統医学の特色は、中国では鍼、マッサージ、薬草、太極拳など気功が主体であるが、

インドでは膨大な種類の薬草による療法、香料、ヨガなどがあり、アラビアのユナニには香油、香料などアロマテラピーの植物エキスによる治療などが目立つ。

伝統医学は現代医学を補完し、代替する医学へ

　しかし、全世界に広まり、医学の主導権をとっている現代医学に対して、先進諸国では伝統医学だけで診療を行うことは少ない。現代医学の診断は細胞レベルまで及ぶが、人間全体を総括的に見ることが不十分ということから、伝統医学は現代医学を補完し、代替する医学としてとらえられている。それで近年、統合医学と呼ばれて、その研究者の団体に日本統合医療学会や国際統合医学会がある。しかし、発展途上国では現代医学がまだ十分に行き届いていない。そこでは、伝統医学の治療薬は低価格であり、治療の主体になっている。

　日本では鍼灸、あんま、柔道整復師(ほねつぎ)は、伝統的に庶民の間で親しまれてきた医療である。現在でも、一般の人がまず選択を考える医療の1つである。つまり、簡単な骨折の場合、整形外科に行かず、ほねつぎ(柔道整復師)を選ぶ例が伝統的に見られる。また近年、医師が診療において漢方薬を日常的に使用することが増えてきている。一般市民も漢方による治療を最初に選び、漢方を専門とする医師に診察を受ける例が増えている。その理由は、漢方が現代医学では治療できない病を治すことがあるからである。これら伝統的な医学は現代医学の補完というより、現代医学の一部であるといえる。そこで近年では医学教育において漢方を教えるようになった。しかし、まだその時間数は少ない。また、本格的に漢方を行うためには、漢方の独特の学理を学ばなければならない。そのために医師免許を得たあと、臨床経験を積んで、さらに漢方を学ぶ必要がある。

　鍼灸、あんまは、整形外科を補完することもあるが、複雑な保険制度とからんで利害関係が相反する場合もある。病人の苦しみを除くことが医療の究極の目的であることを考えるならば、はり、灸、あんま、柔道整復、漢方の真価を知り、現代医療にうまく取り入れるしくみが構築されるべきだと思う。

第3章

病院の歴史

1 病院の始まり
2 キリスト教と病院
3 病院の変容
4 日本の病院

 病院の始まり

1　宗教と、そして戦争と結び付いて発展した病院の歴史

　現代の日本の病院は、国立病院、公立病院、私立病院など経営母体の種別によって分けられるもの、精神病院や伝染病院など特定の疾患別の病院、あるいは老人病院や子供病院と年齢によって分かれる病院、教育のための大学病院などがある。こうした分別はごく近代になってから始まった。いや、日本では病院自体が幕末に生まれ、現代医学を導入する中でその数を増減させてきた。

源流となったのはイムホテップの寺院、アスクレピオスの神殿

　既に述べたように、病院のそもそもの始まりは、古代エジプトの医神イムホテップの寺院、古代ギリシャ時代のアスクレピオス神殿に見られる。イムホテップはエジプトの宰相、階段式ピラミッドを設計した実在の人物であった。死後、イムホテップの墓で参拝者の病気が治るという奇跡が起こったことから、人々は集まり、そこに寺院が造られ、病院ができた。

図10　**アスクレピオス神殿**

　アスクレピオスはギリシャ神話に出てくる医神で、ギリシャ全土に長らく医神として祀られた。景勝の地に建つ寺院には、多くの信者が集まり、そこに宿り、神官による催眠療法を受けた（図10）。神殿は広大な土地に建ち、レクリエーション施設も併設された。ローマ皇帝がキリスト教に帰依して異教を排斥し、キリスト教が興隆する3、4世紀まで隆盛を極めた。現在、その寺院の跡が、エーゲ海沿岸各地に残る。

神殿は病人宿舎のほかに、劇場や陸上競技場、風呂を併設

ヒポクラテスの生地、コス島にもアスクレピオス神殿の遺跡があるが、エーゲ海の西海岸に近いエピダウロスの丘に建つアスクレピオス神殿は広大な敷地の中に、アスクレピオスを祀った神殿、階段劇場、観覧席の付いた陸上競技のトラック、ローマ風呂とギリシャ風呂の跡が現存する。

アスクレピオス神殿には、神殿で癒された患者の患部を模った器官や感謝の言葉を記した碑が捧げられている。それは続く患者の励ましとなり、自分たちもこのように治るだろうと希望を持たせたに違いない。信仰による素朴な治療はこうして人気を高め、患者を集め、巨大な神殿となったのだ。

環境に細心の注意を払って造られた戦傷者のためのローマの病院

アジアでは紀元前5世紀にスリランカにバラモン教が建てた病院があり、3世紀にインドのアショーカ王が建てた病院があった。

いずれの病院も宗教と関係あったが、紀元前100年頃の大遠征が続いたローマ軍の病院はそれと異なった。戦場が郷里から遠く離れていたために、戦傷者や病人を収容する病院（ヴァレトディナリア）が国境地帯に沿った駐屯地に造られた（図11）。木と石でできた建物は、環境などに細心の注意を払った設計であった。

4世紀になると、キリスト教徒で慈善家のファヴィオラによって一般の人を収容する病院が造られた。巡礼者や貧窮者のために自らの資金で建てた病院であった。

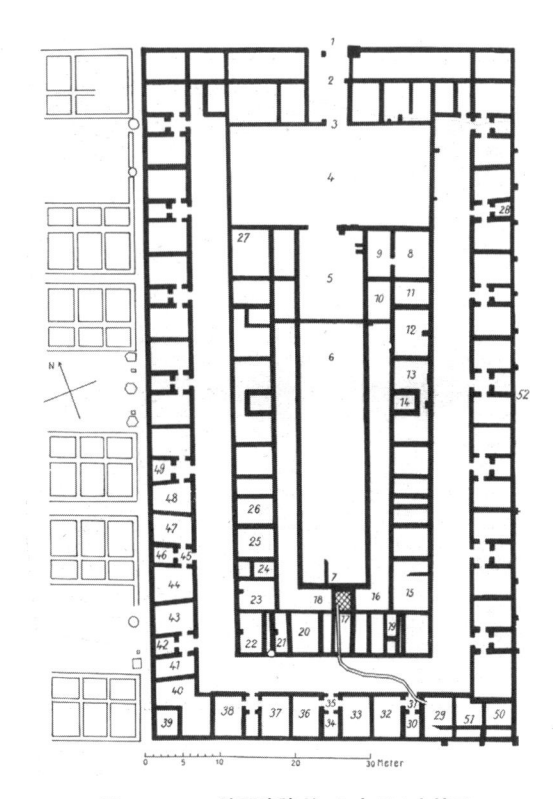

図11　ローマ陸軍病院ヴァレトディナリア

② キリスト教と病院

1　病院建設の目的は、社会から隔離・排除された病人や貧民などの救済

■ ローマ帝国、キリスト教の興隆に伴う病院の誕生

313年、ローマ皇帝コンスタンティヌスがキリスト教に改宗したあと、東ローマ教会では、キリスト教徒らに、それまで社会から隔離、排除されていた病人を扶助することを薦めた。貧しい人のために救貧院、異国人のための異人宿、捨て子のための捨子院、孤児のための孤児院、病人や落伍者のための病院が造られた。

東ローマ帝国のカッパドキア（現在のトルコ）に、370年頃、病院を含むコロニー（集団生活の場）が開設された。病人や救護を必要とする人を収容し、治療に当たる看護人、医師、案内人のための施設であった。その後、東ローマ帝国では各地に病院の建設が続いた。

■ 修道院における修道士・修道尼の社会奉仕が近世病院の原型

西ヨーロッパでは、修道院に病気になった修道僧を世話する施設があったが、その扉を巡礼者のために開いていった。特に6世紀の初めベネディクト（487頃－547）がモンテ・カシーノに建てた修道院で、社会への奉仕を重んじて病人の世話をする病院を設けたことから、西ヨーロッパ各地の修道院で、病院の付設が続いた。修道院では、修道士、修道尼が病人の世話にあたった。それが近世の病院の原型になったのである（図12）。

542年に、救貧者の救済を目的にリヨンのオテル・ディユが

図12　修道院の病院

開院された。それは現代に続くフランスを代表する大病院である（図13）。パリのオテル・ディュは660年に開設され、現在に続いている。

キリスト教の病院は病人、貧乏人、虐げられた人々を長期に渡って援助する施設であった。そこで世話するシスターは、しばしば生まれの良い女性たちで、宗教的な熱狂、慈愛心に燃え、単純な援助をするだけであったが、この困難な仕事に歓びを得ていた。それが病院看護の原点であったのだ。

図13　リオンのオテル・ディュ

十字軍の遠征に従い、病院も遠征地に広がる

病院はのちに医学教育の場となるが、その先陣を切ったのが1145年にフランスのモンペリエに創設された聖霊病院であった。

キリスト教系の病院の発展を知るには、11世紀に始まった十字軍の遠征を欠かすことができない。十字軍の遠征の道に沿って、遠征する兵士のための病院が開設された。1099年に、聖ヨハネ騎士修道会のホスピタル騎士団が聖地に病院を造り、2,000人の病人の世話をしている。

2　都市の隆盛とともに宗教から離れた自治体病院が誕生

看護は修道女から訓練を受けていない看護人の手に

アラビアでは、バグダード、ダマスカス、コルドバに病院が造られた。それは人道的に病人を入院させるためのものであった。

15世紀の終わりには、都市の自立が始まった。そこでは都市が病院を造り、医師、看護師は宗教に関係なく、自治体が雇用し、治療に当たらせた。

中世の城下町ではらい患者*を隔離し、乞食や売春婦のための施設を造り、疫病対策を始めた。こうして保健、衛生事業が宗教の手から離れていったのである。

特にイギリスではヘンリー八世がローマ教会から独立して英国国教会を設立し、自ら最高の首長と宣言したことで修道院の財産はすべて没収され、中世からの付属病院は閉鎖された。病院は自治体の病院となり、看護人は修道女から訓練されていない看護人に代わった。その状態はナイチンゲールが登場して、看護の改革をするまで続いたのであった。

＊ここでいうらい患者とは歴史的な呼称であって、ハンセン病患者だけではない。多くはひどい皮膚病に苦しむ患者であった。

3 病院の変容

1　医学の進歩に伴い、多様化・専門化する病院

▎臨床に基づく医学教育の場・研究の場へ

　近世になると、医学の進歩に伴って病院の姿が大きく変化した。病院が医学教育の場となり、研究の場になったのである。最初の臨床教育はオランダで始まった。ブールハーフェ（1668－1738）が机上の教育だけでなくベッドサイドでの患者をみることを教育に取り込んだときから病院が医学教育に不可欠なものになった。

▎総合病院、大学病院が誕生した19世紀

　19世紀に入ると、フランスでは病院医学の時代が始まった。つまり、フランス革命後、アカデミックな教育が否定され、疾患別に病院が分けられ、病院で患者を前にした教育が行われた。そのときから病理解剖が重視され、病院に病理解剖室が付設された。その典型がウィーンで始まった。ブールハーフェの弟子ドゥ・ハエン（1704－1776）がオランダのライデンからウィーンに招かれて、病院を医学の場にする大改革を実践した。患者の病状と病理解剖の結果を緻密に観察するための場として病院を活用したのである。ついで建設されたウィーン大学の総合病院（図14）では、初めて病理解剖学の専任教授ロキタンスキー（1804－1878）を就任させ、病院内に疾患別の病棟を設けたのであった。総合病院の誕生となり、医学教育、医学研究、看護婦養成の場となった。のちの各国の医学教育のための大学病院の先鞭となった。

　19世紀に入ると、外科手術が盛んに行われるようになるとともに外科病院の設立が相次いだ。とくに日本では、第二次大戦後に設立された個人病院の多くが外科系病院であった。

2　特殊な疾患病院

▎精神病患者は牢獄から病室へ

　精神病者は長らく犯罪人と同様に扱われてきた。治療を受けることもなく、牢獄や地下

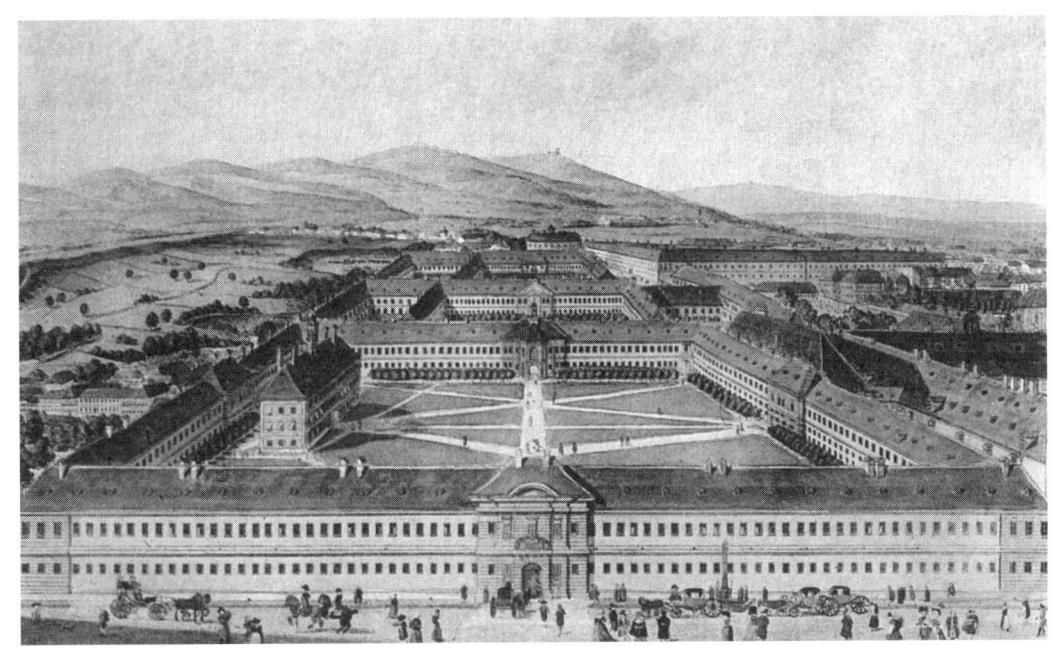

図14　ウィーン総合病院

牢に閉じこめられていた。18世紀に入ると、徐々に精神病への関心は高まったが、正当に評価されるようになったのは、フランス革命のあと、精神科医ピネル（1745－1826）が精神異常は病気であると、パリのサルペトリエール病院で鎖に繋がれていた患者を解放したときからであった。そのときから精神医学が始ったのである。ウィーン大学にも精神病の病棟が造られた。

黒死病の大流行が隔離病院を誕生させた

　疫病に対する隔離病院は、古代から見られたが、城郭に囲まれた中世都市ができたときらい病者は城郭外に施設を造って隔離され、定期的に城内に入ることを許した。しかし、隔離に対する考え方が大きく変化したのは中世を終わりに導いた、14世紀半ばのヨーロッパの黒死病大流行であった。このとき、ミラノとヴェニスで患者を都市に入れないために、港に入港する船を40日間沖に停泊させ、病人およびその恐れのある者がいないことを確認したあとで入港を許した。それで40日を意味する“クワランティーン”が“検疫”という言葉になったのである。

　その後、コレラやペストなど疫病が流行したとき、都会では隔離病院が設けられ、病人、家族が収容されたのである。そして、疫病の種類によってハンセン病、結核、各種伝染病におけるそれぞれの隔離病院が誕生した。

4 日本の病院

1 幕末まで待たなければならなかった本格的な病院の誕生

▍確認できる最古の病院は鎌倉時代の忍性の手によるもの

日本では、聖徳太子によって悲田院、施薬院などが建てられた伝説があるが、歴史的に確認できる病院は、鎌倉の極楽寺に忍性（1217－1303）が建てた病院である（図15）。しかし、ここも絵図に記されているだけで、くわしいことは判らない。

▍西洋式病院第1号は、ポンペ提案の長崎養生所

江戸時代に入って、8代将軍吉宗の時代に救貧所として小石川養生所が造られ、幕末には医学館の教育の場として使われたが、西洋のような発展はなかった。

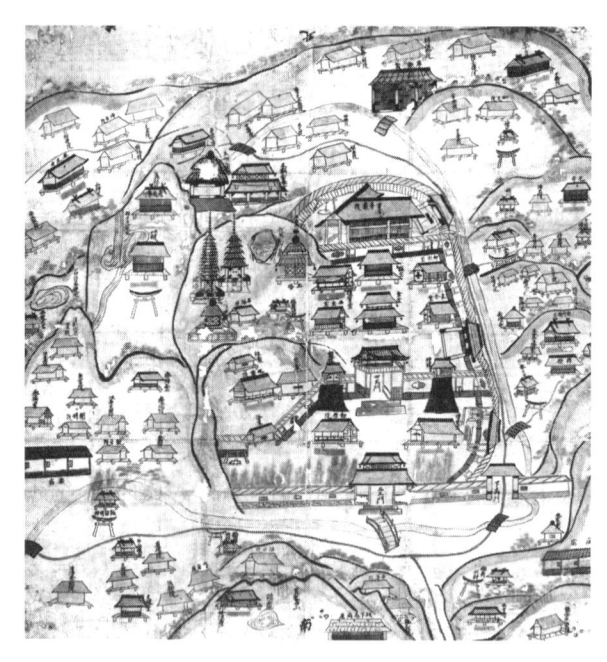

図15　鎌倉極楽寺

本格的な病院は1862（文久2）年に当時長崎で医学教育を行っていた、オランダ海軍軍医ポンペ・ファン・メーデルフォールト（1829－1908）の提案で造られた長崎養生所（図16）で、1万5,000人の診療を行ったとされる。それに倣って、金沢など雄藩では、お雇い外国人を教師とする病院が造られ、医学センターの役割を果たした。

図16　ポンペの長崎養生所

2　私立病院の数が圧倒的に多い日本の病院事情

維新後、医師の再教育の場となった公立病院

　明治維新後は、東京大学の付属病院など医学校の付属病院が造られたが、各県に公立病院が造られ、そこが医学校ならびに医師の再教育の場となった。一方、病院と名の付くものに、明治初期に梅毒病院が各地に設立された。しかし、これは間もなく姿を消している。

　1872（明治4）年に軍医寮が開設されたとき、早稲田にあった松本良順（1832－1907）の蘭疇醫院が軍医寮の病院に当てられた。これが陸軍病院の始まりである。その後、陸軍省と海軍省が分かれると、海軍病院が設けられ、英国軍医らがそこを支配した。

佐藤尚中に始まる私立病院の歴史

　私立病院は、1873（明治5）年に東京医学校の少博士であった佐藤尚中（1827－1882）が、文部省に設立を申請している。その結果、1873年に東京日本橋に博愛舎が開設された。たいへんな人気であったので、翌年、佐藤尚中は私立病院を下谷練塀町に開設した。それが現在の順天堂大学医学部付属醫院の前身である。

　その後、各地で名医が私立病院をあいついで開業した。戦後、さまざまな条令が定められて制限される国公立病院に対して、医療法人で経営が安定した私立病院はその数を圧倒的に増やし、日本特有の形態ができあがったのである。

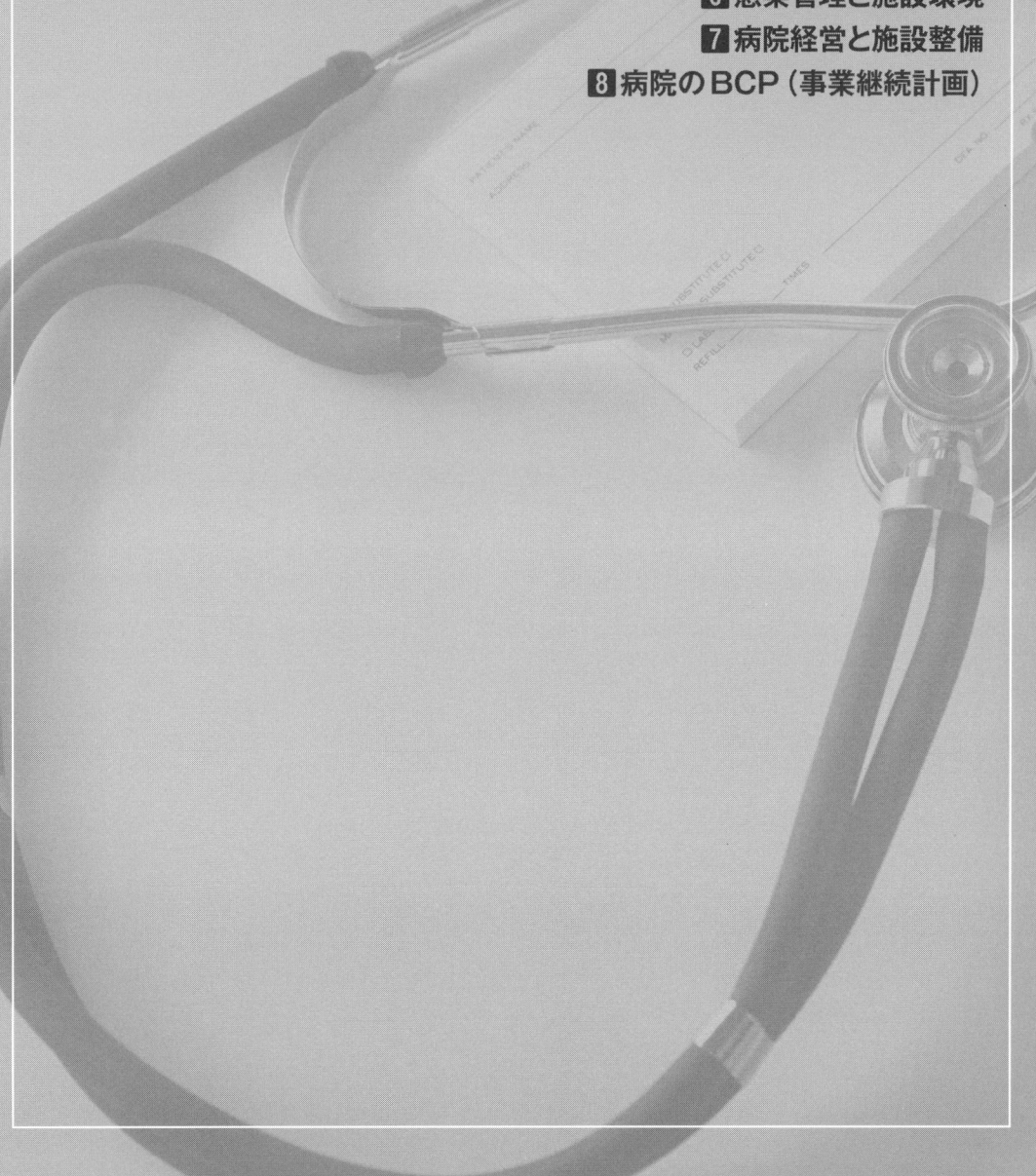

第4章

病院施設の変遷

1 戦後の医療行政史と病院施設
2 病院施設の近代化とモデルプラン
3 病院の成長と変化
4 看護と病棟
5 患者と病室
6 感染管理と施設環境
7 病院経営と施設整備
8 病院のBCP（事業継続計画）

戦後の医療行政史と病院施設

戦後復興と医療行政

　第二次世界大戦によって多くの医療施設が破壊もしくは閉鎖された。敗戦時の内地病院（10床以上）は645病院、31,766床であった。また、医療従事者の不足に加え、医療機器や医薬品、衛生材料が不足して国民に対する医療提供体制が混沌としている中で、医療施設の開設・運営・施設基準等を定める「医療法」と「医師法」が1948（昭和23）年に制定された。医療法は医療機関と医療提供体制に関する法律であり、医師法は医師の職務・資格を規定する法律である。この医療法、医師法が戦後の医療供給体制の基軸となった。

　医療法は20床以上の患者収容施設を有する医療施設を病院と定義し、病床面積などの構造基準、処置室などの必置施設の規定、模範的病院としての総合病院制度の創設、医療監視員による立入検査制度などを定め、医療施設の量的整備とともに医療水準の確保を図るための規定となった（28～29ページ表1）。

　医療法により都道府県立や市町村立の公立病院の病院費用に対しても国から補助金を出せるようになった。また日本赤十字社、済生会、厚生連などの民間病院は、1951（昭和26）年には公的医療機関として国庫補助金の対象となった。日本の医療施設の整備・普及は公立病院ではなく、民間の病院・診療所にゆだねられたのが大きな特徴で、1950（昭和25）年には「医療法人制度」がつくられている。1960（昭和35）年には、民間医療機関に長期かつ低金利の貸付を行う政府系金融機関「医療金融公庫（現在の独立行政法人福祉医療機構の前身）」が創られ、資金面への支援を始めた。

　その後、医療法は長きにわたり大きな改正がないまま運用されてきたが、医療供給体制の量的充実と地域偏在の問題化、急性疾患から慢性疾患への疾病構造の変化など、社会情勢への対応が求められるようになり、1985（昭和60）年の第1次医療法改正以降、これまでに5回の改定がなされている。とくに第1次医療法改正では都道府県医療計画が導入され、いわゆる病床規制が開始され、その後の病院経営のあり方を規定した。1992（平成4）年の第2次改正以降は一貫して医療施設の機能分化が図られてきており、2000（平成12）年の第4次改正では医療法制定以来はじめて病床区分が見直され、病院病床種別の「その他の病床」について、長期にわたる療養が必要な患者を収容する「療養病床」と「一般病床」とに区分された。2000年には同時に、介護保険もスタートした。

また、1945（昭和20）年12月にGHQから返還された旧陸軍病院、旧海軍病院、傷痍軍人病院を継承した国立病院は、医療供給体制の充実とともに役割の見直しが行われ、1986（昭和61）年度から、統廃合や経営移譲により再編が進められてきた。2004（平成16）年には政策医療を担うナショナルセンター以外の病院が独立行政法人国立病院機構として再編成された。さらに2010（平成22）年には6つのナショナルセンターも国立高度専門医療研究センターとなり、厚生労働省所管の国立病院はすべて独立行政法人化された（**表2**）。

表2　国立高度専門医療研究センター

国立がん研究センター
国立循環器病研究センター
国立精神・神経医療研究センター
国立国際医療研究センター
国立成育医療研究センター
国立長寿医療研究センター

筆者作成

医療施設の機能分化と規定要因

医療法が法規制として医療施設の性格づけを行ってきたのに対し、診療報酬制度は経済面からの誘導という手法によって医療施設の機能分化を推し進めてきた。しかし、診療報酬における施設基準では、人員配置基準等と比較して施設に直接関係する事項は近年までそれほど多くはなく、例えば病室の広さが療養環境加算として評価されるようになったのは1994（平成6）年からである。

医療の国民皆保険制度は1961（昭和36）年からスタートし、誰でも比較的少額の費用で医療にアクセスできるようになった。しかし老人の医療費自己負担が政策課題となり、革新自治体を先頭に老人医療の自己負担分の無料化が進展していった。当時の田中角栄内閣は、1973（昭和48）年を「福祉元年」と位置づけて、老人医療費無料化（70歳以上の高齢者の自己負担無料化）、健康保険被扶養者の給付率引上げ、高額療養費制度導入、年金給付水準の大幅引上げなど、一連の社会保障政策を実施する。

この結果、1980（昭和55）年以降、高齢者医療についての議論が活発になり、治療よりも療養を主眼とした病棟の整備がなされてきた。いわゆる老人病院である。その後、療養型病床や緩和ケア病棟、回復期リハビリテーション病棟など、新たな医療提供のあり方に対応した施設基準が順次設定されてきた。なお2004（平成16）年には、看護と建築の専門家が共同して提案・試行してきたPPC（Progressive Patient Care：患者の重症度や看護必要度に応じたケア）が、ハイケアユニット入院医療管理料として評価されるに至った。

以上みてきたように病院施設は、諸法規や診療報酬の影響を多々受けながら計画されてきた。その方向性については医療行政による政策誘導が主となっているが、病棟トイレの分散配置やプライバシーに配慮した病室計画の提案、感染管理に対応した手術部計画など、建築設計側からの提案がその後の病院のあり方に影響を与えた事例も多くみられる。

表1　医療施設に関する行政史

	1950	1960	1970	1980
院数 床数	3,408 275,804	医療施設と医療従事者 の量的確保　6,094 686,743	病床数の拡大、保険 の給付改善　7,974 1,062,553	医療供給の量的な 拡大持続　9,055 1,319,406

医療行政・法規	39　厚生省設置 　　49　病院管理研修所設置 　48　医療法・医師法・歯科医師法・保健婦助産婦看護婦法制定 　　50　医療法人制度の創設 　　50　綜合病院（木造）モデルプラン 　　　　（医療機関整備中央審議会） 　　50　精神衛生法制定 　　　　（精神病院での収容保護が中心） 　　51　（新）結核予防法制定 　　　　53　らい予防法制定 　　51　公立病院整備費補助金はじまる 　　　52　公的医療機関への厚生年金還元融資はじまる 　　　　　　60　医療金融公庫設立 　　52　国立病院の地方委譲計画	62　社会保険庁設置 　　58　国民健康保険法改正（国民皆保険） 61　国民皆保険の実現 62　国立がんセンター設置	73　各県1医学部設置 77　救命救急センタ 　　　（救急医療対策 74　国立東京第一病院が国立国際 77　国立循環器病セ
診療報酬	50　完全看護の創設 　　58　新医療費体系の創設 　　　　（現行の診療報酬制度の基礎）	65　人事院の二八判定 　　　（看護職員の夜勤体制）	78　特定集中治 78　開放型病院 73　老人医療費支給制度 　　　（老人医療費の無料化）	
社会情勢	第一次ベビーブーム 　50　胃カメラ（内視鏡）の発明 　51　血液銀行はじまる 　　52　クロルプロマジン（向精神薬）の発見 　　53　日本病院設備協会発足 　　54　日本病院建築協会発足 45　第二次世界大戦終結	64　ライシャワー事件	第二次ベビーブーム 75　CTの臨床利用の開始 80　MR 81	

＊表中の数字は西暦を表す。

	1990	2000	2010 (年)
供給サイドの規制 （病院病床・医師数）	10,096 1,676,803	医療と福祉の統合　9,267 1,647,175	情報公開・規制緩和・ 医療の質と評価

85　第1次医療法改正
（都道府県医療計画制度の導入）

92　第2次医療法改正
（特定機能病院、療養型病床群の制度化）

97　第3次医療法改正
（地域医療支援病院の制度化、療養型病床群の診療所設置）

-発足
（業実施要綱制定）

83　対がん10か年総合戦略制定

01　第4次医療法改正
（病床区分の見直し、臨床研修の必修化、情報提供の推進）

87　精神保健（衛生）法改正
（人権擁護と社会復帰を基本理念に）

07　第5次医療法改正
（情報提供の推進、機能分化と連携、医療安全の確保、
医療法人制度改革）

94　精神保健（福祉）法改正
（精神障害者福祉施策の法定化）

99　感染症新法施行

96　らい予防法廃止

82　老人保健法施行
83　特例許可老人病院

00　介護保険法施行

99　国立病院・療養所の再編成計画の見直し

04　国立病院の独立行政法人化

医療センターに改称
ンター設置

02　国立成育医療センター設置
04　国立長寿医療センター設置

86　国立精神・神経センター設置

10　ナショナルセンター独立行政法人化

94　新看護体系の創設

04　ハイケアユニット入院医療管理料

84　特定療養費制度の創設

94　療養環境加算

療室管理料　　　　90

緩和ケア病棟入院料　　　　00　回復期リハビリテーション病棟入院料

共同指導料

94　特殊疾患療養病棟入院料

94　精神療養病棟入院料

96　精神科急性期治療病棟入院料

83　老人医科診療報酬の創設

90　特例許可老人病院入院医療管理料（介護力強化病院）
92　老人性痴呆疾患治療／療養病棟入院管理料
93　療養型病床群入院医療管理料

94　日本の高齢化率14%

99　患者取り違え事件

84　宇都宮事件

エイズの社会問題化

96　CDCガイドライン・スタンダードプリコーション

03　CDC環境感染管理のガイドライン

の臨床利用開始

03　SARS（重症急性呼吸器症候群）発生

PETの臨床利用開始

95　阪神・淡路大震災

筆者作成

② 病院施設の近代化とモデルプラン

病院管理学の導入と病院の近代化

　戦後まもない1947（昭和22）年、連合国最高司令部（GHQ）より病院改革を迫られた日本政府は、東京都新宿区の国立東京第一病院（現在の国立国際医療研究センター）を模範病院として選定し、病院内には病院管理研修所を発足させて、病院管理について全国から集まった病院長にアメリカの病院管理学のテキストを使って教授する体制を整えた。

　当時わが国の病院では、完全看護・完全給食ではなかった。入院患者とともに家族や付添婦が病室に住み込むスタイルで、寝具や鍋釜、食材を病室に持ち込んで七輪で魚を焼くなどの光景がみられていたが、病院定義を従来の10床以上から20床以上にして零細規模の病院を排し、アメリカから導入された病院管理学の考え方を参考に、病院の機能・運営・施設について近代化を推し進めることとなった。

病院建築のモデルプラン

　1950（昭和25）年、厚生省医療機関整備中央審議会・病院建築設計小委員会は、病院建築の指針として186床の木造綜合病院試案（モデルプラン）を提示した。モデルプラン作成においては、病院管理研究所の守屋博・吉田幸雄らの意見を踏まえ、東京大学建築学科助教授の吉武泰水が計画案を取りまとめた。これは新しい病院管理の考え方を具体化したものである。中央南北に走る廊下をコンクリート造として不燃化を図り、手術部門や検査部門、サービス部門などを中央化して独立した棟としている。今日では常識となっている管理運営の考え方が建築表現として示された。

　モデルプラン作成過程において議論された内容は病院管理の黎明期を伝える資料として重要と思われるので、**表3**に抜粋して示す。

表3　病院管理の観点からみた病院建築モデルプランの要件

守屋博による稿（部分）

この設計について管理の面から出した注文は次の様です。

1. 入院部が、外来患者及び外来者で邪魔されぬ事、その為には入口が別になるばかりでなくその間に扉があってほしい事。

2. 入院部の入口は1つで、そこで外来者をおさえたり、案内したり出来る様にする事。

3. 外来は、従来の日本のものは、だだっぴろすぎるので、なるべく引きしめて、終業後、そこが医者や看護婦のたまり場にならぬ様にする事。

4. X線部、臨床検査部、物療部等は独立して、入院、外来両部から用いるに便利な所においてもらいたい。ことに検査部は病院内の検査を中央化してやりたい。

5. 中央補給室は各病室で用いる注射器、吸入器、灌腸器等を全部ストックしてガーゼ等の再生、消毒等も一手で行うために、十分な広さと設備を有してもらいたい。各病室での消毒は必要のない位にする。

6. 患者の輸送は、手術場の方からとりに行くようにするから、ストレッチャーは手術場に保管する。

7. 病棟部には患者職員以外は入らないことにして、看護婦ステーションでおさえる。

8. 患者の私物は、全部病院で預かって一定の部屋におくようにする。

吉田幸雄による稿（部分）

急性期疾患（SHORT TERM）の入院患者は、1〜2週間で退院していきますから、病棟の看護婦主任は、各患者の容体を知悉して、各看護婦を十分指揮して看護するには、国際的に30人を最大としています。日本の経済力を考慮して、この30人を大体UNITとしています。その外の病棟はそれから推して次のようにいたしました。

内科（内科系統）病棟　　30床	産科病棟　母親　28床	
外科（外科系統）病棟　　30床	健児　28床	
小児科（外科を含む）病棟32床	早産児　4床	
	結核病棟　　　　36床	

完全看護のためには、30床に看護婦10人で、5：3：2三交代が必要でしょう。院長室はよく医局と離している設計が多いのですが、このプランは断然、院長、副院長、総婦長、事務長の常時協力する体勢の方針を堅持しました。この外総て中央化の方針をとっています。

出所：吉武泰水「200床総合病院モデル設計についてⅠ」、『病院』1951年4月号、医学書院、1951

③ 病院の成長と変化

建築計画からみた病院の部門構成

　一般に病院の「組織図」は、その病院で働く人の職種・部署という人的リソースを表現している。一方、建築計画という観点からみた病院の構成は、「部門」の集合体として捉えられる（表4）。これは、病院の建築を設計する、あるいは施設を維持管理する場合には、「部屋」を組織構成の原単位として病院をとらえ、各室が持つ機能に応じて部門のまとまりを考えるほうが好都合なためである。このうち診療部門は、かつては診療科ごとに機能分散していたものが、前項でみたように戦後の病院管理の思想が導入されて以降、中央化・効率化が進められて成立したもので、「中央診療部」と呼ばれることもある。

表4　病院の部門構成とおおよその面積割合

部門名称 （おおよその面積割合）	概要
病棟部門（40%）	入院患者を収容し、診療・看護を行う。病院のもっとも重要な部門といえる。
外来部門（10%）	通院患者への診療を行う。近年、がんの外来化学療法や日帰り手術など、外来部門の機能が高度化している。
診療部門（20%）	検査・放射線・手術など、患者の診断・治療を行う。かつては診療科ごとに分散して配置されていた機能が、病院管理の考え方のもと、中央化が図られた部門。
供給部門（20%）	各部門に対してモノを供給する。薬品、滅菌材料、血液、食事、事務用品など取り扱う種類はさまざまである。
管理部門（10%）	病院のマネジメントをつかさどる。幹部室、医局などのほか、福利厚生諸室も含まれる。

筆者作成

成長と変化への対応

　表4に挙げた各部門の機能的な耐用年数、いわば「寿命」は、それぞれ異なっている。例えば病棟部門などは、医療法改正など制度変更のような強い外的要因がない限り、数十年にわたり使い続けられることが多い。それに比して診療部門については、建物そのものの耐用年数よりも機器更新のサイクルのほうがはるかに早いために、建物の増改築が行われ

ることが多い。その際、敷地面積の制限などの理由から、建物を取り壊して新たに作り直す、いわゆるスクラップ・アンド・ビルドが行われることもよくみられる。しかし経営的な観点からみれば、医療技術の進歩のスピードによって施設整備の耐用年数が短くなってしまうことははなはだ非効率的であるので、病院の建築計画においては、中長期の病院機能の「成長と変化」を見通した計画を立てておく必要性が高いといえる。

図17はある病院の平面図であるが、特に技術革新のスピードが速い放射線治療部、X線診断部などが独立した棟として計画され、主幹ブロック(メイン動線)を介して他の部門と連結されており、将来的な増築を想定した計画が初期段階から組み込まれている事例である。

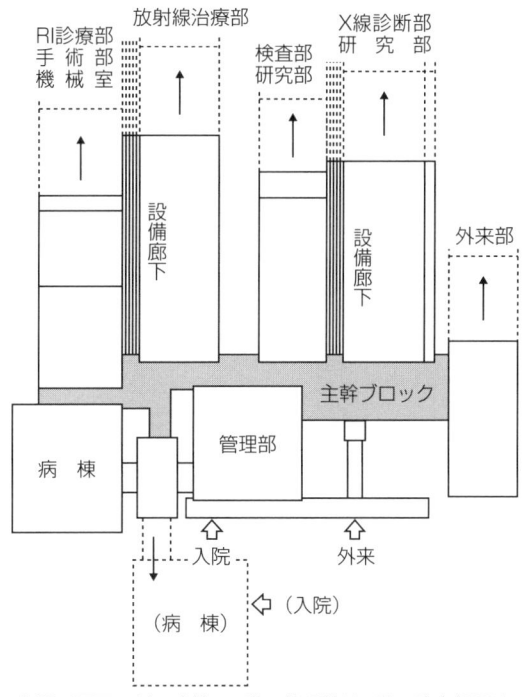

多翼型平面の例。病棟は6階、管理棟は4階、診療部門はすべて1〜2階建てで2棟ごとに設備廊下を挟む。破線部分は将来の増築計画。
千葉県がんセンター（設計：吉武・浦・西野・伊藤）

出所：伊藤誠ほか『新建築学大系31　病院の設計』第二版、彰国社、2000

図17　**病院の成長と変化への対応：千葉県がんセンターの事例**

看護と病棟

看護単位と病棟

　病棟は病院のなかでもっとも多くの床面積を占めており、またもっとも人数が多い職種である看護師が24時間体制で勤務を行う、重要な部門である。

　入院患者は通常、いくつかのグループに分けられ、それぞれ担当する看護チームによって看護される。この患者グループと看護チームからなる集団(組織)は「看護単位」と呼ばれ、看護師長により管理運営される。一般的には看護単位のことを「病棟」と呼ぶことも多いが、「看護単位」は管理概念であり組織の名称であって、病棟を構成する1要素に過ぎない。正確にいえば、看護単位が使用する病室、食堂・浴室・トイレなどの共用室、スタッフステーションなどからなる諸室が病棟である。

　病棟はいくつかの分類軸によって構成され(表5)、それぞれ計画上配慮するべきポイントが異なる。例えば小児病棟では、療養しながら学習するための場(図書室や院内学級)、遊びのための場(プレイルーム)など、成人の病棟にはない諸室が必要となる。また回復期リハビリテーション病棟では、病棟で展開される日常生活行為を通じてリハビリテーションを行うため、ベッドの配置やトイレなど、あらゆる生活環境がリハビリテーションと関連づけて計画されることが求められる。

表5　病棟の種類

分類の軸	病棟の名称例
診療科	内科病棟、外科病棟、産科病棟など
病床種別	精神病棟、結核病棟など
看護必要度	ICU、HCU など
年齢	小児病棟など
診療報酬	回復期リハビリテーション病棟、緩和ケア病棟など

筆者作成

看護拠点の機能と配置

入院患者の看護を行い、病棟を管理する看護師の拠点となるのがナースステーションである。ナースステーションで行われる業務には、来訪者への対応（監視による防犯を含む）、物品管理、看護行為の準備、記録などがある。また申し送りやスタッフミーティングなども行われる。現在はチーム医療の観点から、看護師だけでなく医師や薬剤師、管理栄養士など多職種からなるチームでミーティングを行う場面が増えており、スタッフステーションと呼ばれるようになってきている。

病棟の建築計画では、病室と看護拠点の配置の仕方が重要なポイントとなる。図18左のように、病棟の出入り管理ができるよう縦動線（エレベータ・階段）に面する位置に看護拠点を置き、同時に各病室へアクセスしやすいようにデザイン上の工夫がなされるのが定石である。しかし近年の病室面積や個室率の増加は、1病床当たりの病棟面積の拡大をもたらし、結果として看護動線が長くなる事態を招いた。そこで図18右のように、患者への直接看護に必要な物品等を保管し、手洗いなど看護行為に必要な設備を備えた「ナースコーナー」を病棟内に分散配置させる試みも出現してきている。

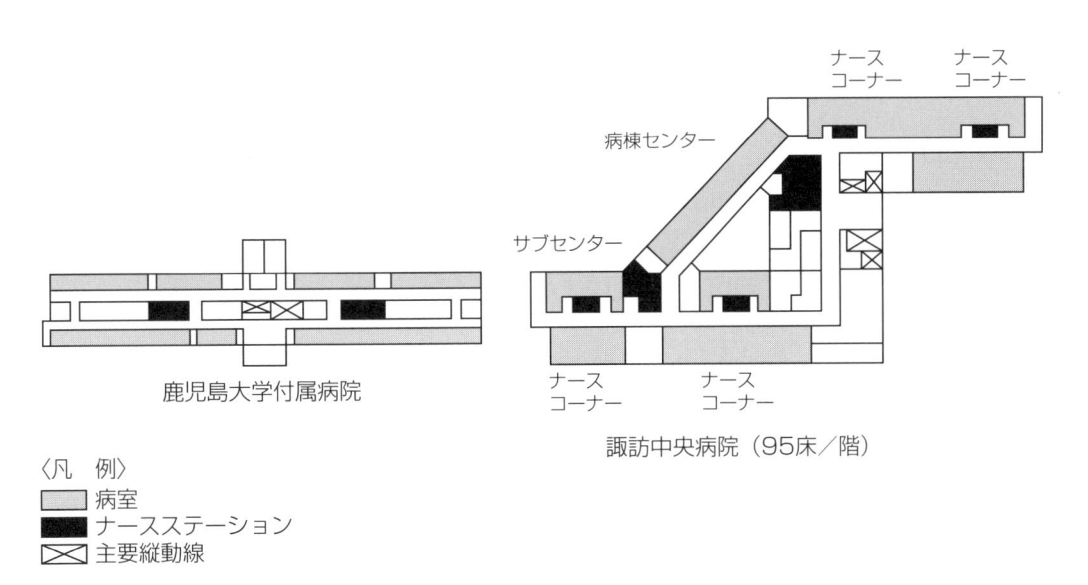

鹿児島大学付属病院

諏訪中央病院（95床／階）

〈凡　例〉
■ 病室
■ ナースステーション
⊠ 主要縦動線

出所：栗原嘉一郎「病棟構成の基本を見直す」、『病院建築 No.88』、社団法人日本医療福祉建築協会、1990

図18　**病棟のスタッフステーション（ナースステーション）の配置事例**

5 患者と病室

患者の立場と看護の立場

　病室は入院患者が療養生活をおくる場であり、看護が提供される場である。入院という非日常的な状況に置かれた患者にとって、自らの意志で管理ができる唯一の空間である病室は、最もプライバシーが求められる空間であり、個室が望ましいといえる。一方で看護の立場からは、患者の容態変化を直ちに察知することができるよう、視覚的にオープンで一度に数名の患者を観察できる多床室が好まれる傾向にある。

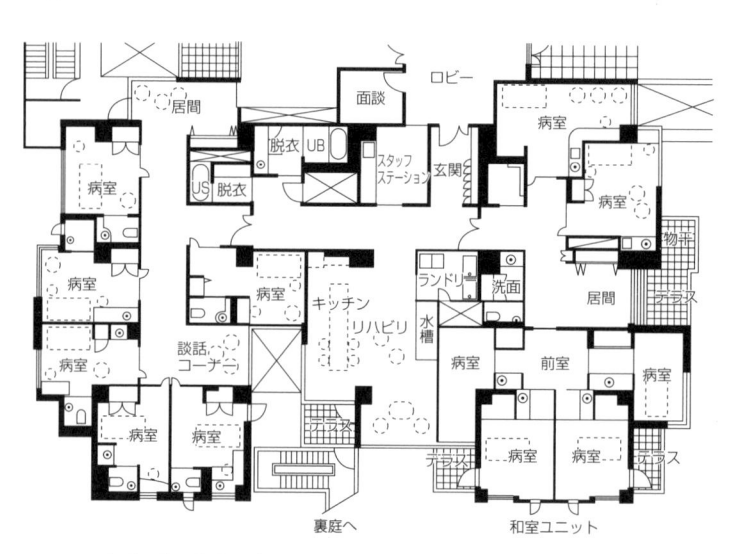

出所：社団法人日本医療福祉建築協会『医療福祉建築 No.161』、2008
図19　病室の計画事例：千里リハビリテーション病院

　ただし個室は、患者のプライバシーが確保されるのみならず、感染管理の上で有利という医療的なメリットもあり、またベッドコントロールが行いやすいため病床稼働率が高まるなど経営上のメリットを持つことにも着目するべきであろう。ちなみにアメリカでは新たに建設される病室は原則として個室のみとなっている。

　病室では患者が生活行為を行うだけでなく、リハビリテーションのような治療行為が展開されることもある。図19は、回復期リハビリテーション病棟の1例である。全室個室で患者のプライバシーを確保しつつ、居間やキッチンなどリハビリテーションを行う場を囲んでユニット型に病室を構成するよう計画されている。

病室の面積基準

　病室の面積は、医療法により最低基準の数値が定められている。病室面積基準の変遷に

ついて、4床室として什器をレイアウトした例を図20に示す。病室にはベッドの他に、床頭台や椅子、オーバーテーブルなどさまざまな什器が置かれるが、かつての医療法上の面積基準であった4.3㎡ではベッド間隔が非常に狭く、療養生活をおくる上でのプライバシー確保は非常に難しいといえる。病室面積は2001（平成13）年施行の第4次医療法改正により療養病床は6.4㎡以上へ、一般病床・精神病床・結核病床・感染症病床については新築・全面改装時では6.4㎡以上に引き上げられたが、車椅子利用患者がベッドへ移乗したり、ワゴンを持ち込んで看護行為を行うような場面では、キュービクルカーテン内のエリアに収まらず、隣のベッドの領域内にはみ出してしまう可能性がある。

　病室の計画は、アメニティ（快適さ）以前に、まずは生活行為と看護・治療行為を行うために必要な面積を確保することが第一歩である。

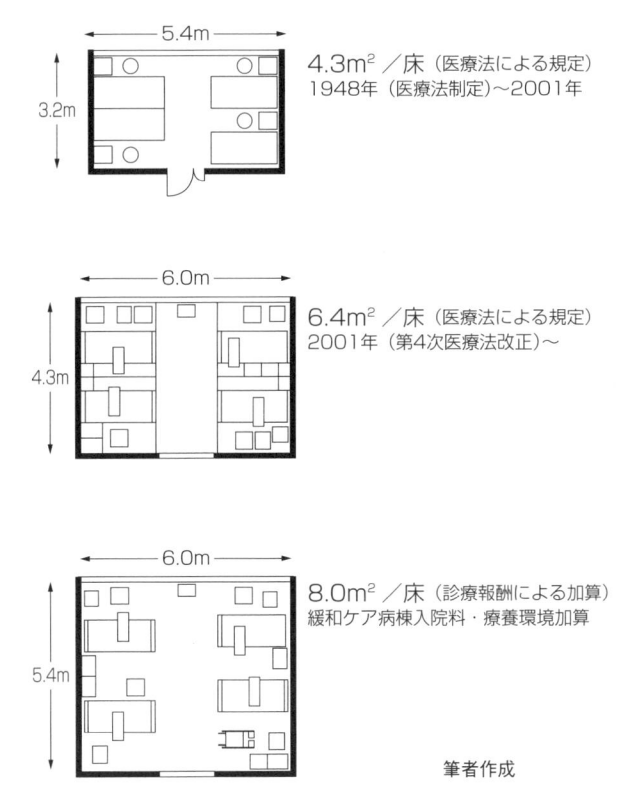

図20　**病室の面積基準の変遷とレイアウト例**

 感染管理と施設環境

感染管理と手洗い

　EBM（科学的根拠に基づいた医療）が医療従事者の間に浸透し、施設環境の観点からも感染管理に配慮した計画が求められるようになった。清掃や手洗いといった感染管理の基本的対策は、施設環境と関わりが深いが、特に手洗いは医療スタッフを媒介とした院内感染を防止する上で非常に重要である。

　図21は近年建設された病院の病室内に備えられた手洗い設備である。これまで病室の手洗い設備は、入院患者が使用するためのものとして捉えられてきたが、患者に接触し処置を行った後ただちにスタッフが手を洗えるよう、病室の入口付近に手洗い設備が設置されていることが重要である。また清掃がしやすいよう床からではなく壁から取り付けられた配水管、肘まできちんと洗えるようにデザインされた吐水口（グースネックと呼ばれる）、水を溜めるとカビが発生するため水栓がない一体成型された洗面ボウルなど、感染管理を実践するための設備が特徴で、このような手洗い設備は一般化しつつある。

図21　病室入り口に備えられた手洗い設備

手術室の清潔管理

　診療行為の中でもっとも感染リスクが高いのは手術であろう。厳格な清潔管理を行うために、これまで手術部門の建築計画では清潔ゾーンと不潔ゾーンを区画したさまざまな方式が提案されてきた（図22）。患者・スタッフ・清潔器材・使用済み器材の動線が交錯しないように空間をレイアウトし、諸室に求められる清浄度に応じた空調ゾーニングが行われてきたのである。しかしながら、CDC（アメリカ疾病予防管理センター）の勧告では、手術部門の出入りの際の履き替えや、患者の乗せ替え等にはエビデンスがないとされたため、一足制による運用が次第に普及しつつあり、ゾーニングによる清潔管理は過去のものになりつつある。

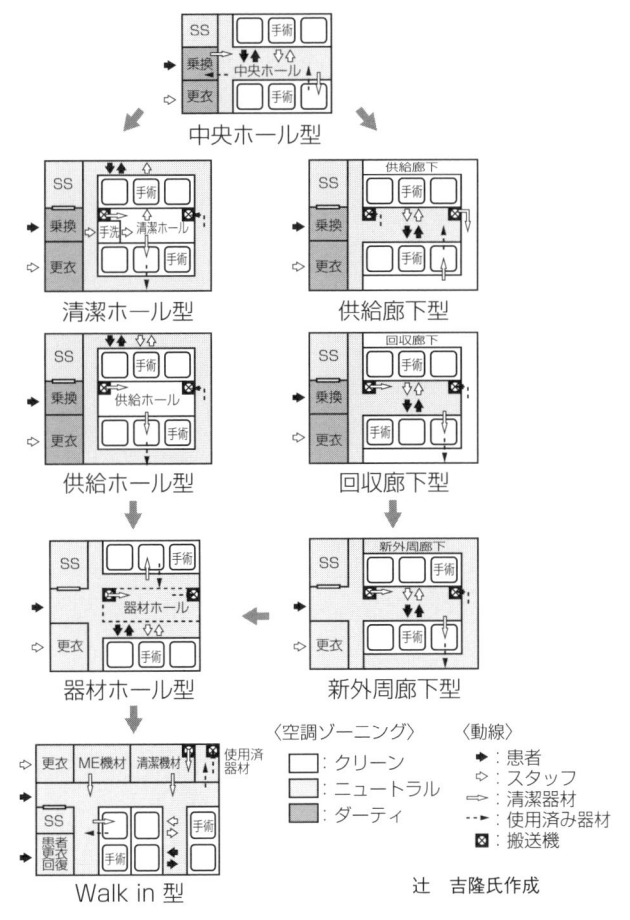

辻　吉隆氏作成

図22　手術部門平面型の変遷

病院経営と施設整備

補助金・交付金と施設整備

　都道府県の医療計画に定める医療提供体制を確保するために、国はさまざまな補助金・交付金制度を設けている。そのなかで施設整備に関するものとして、医療提供体制施設整備交付金の制度がある（**表6**）。これらは国による政策誘導という意味合いが強いものであり、特に近年では施設の耐震化推進に関する事業が目立つ。

　このなかで患者の療養環境・医療従事者の職場環境等に密接な関わりがある施設整備事業は、「患者の療養環境、医療従事者の職場環境、衛生環境の改善及び患者サービスの向上等」のための施設整備を目的としており、1993（平成5）年に創設され、2006（平成18）年に交付金化されている。

　医療施設近代化施設整備事業は、**表7**のように主として老朽化した施設を更新するためのメニューであり、建設資金の確保がしやすくなる。ただし申請の時期が定められており、交付内定まで着工できないこととなるので、病院整備計画のスケジュールが制限されるというデメリットも生じる。

　いずれにせよ、建物の施設整備を検討する際には、事業計画とともにこれら交付金メニューをどのように活用するかを十分に検討する必要がある。

表6　医療提供体制施設整備交付金の種類（2012年度）

1　事業分類	2　事業区分
A　医療計画等の推進に関する事業	（1）休日夜間急患センター施設整備事業 （2）病院群輪番制病院及び共同利用型病院施設整備事業 （3）救急ヘリポート施設整備事業 （4）救命救急センター施設整備事業 （5）小児救急医療拠点病院施設整備事業 （6）小児初期救急センター施設整備事業 （7）小児集中治療室施設整備事業 （8）小児医療施設施設整備事業 （9）周産期医療施設施設整備事業 （10）地域療育支援施設施設整備事業 （11）共同利用施設施設整備事業 （12）医療施設近代化施設整備事業 （13）不足病床地区病院施設整備事業 （14）基幹災害拠点病院施設整備事業 （15）地域災害拠点病院施設整備事業 （16）院内助産所・助産師外来施設整備事業 （17）がん診療施設施設整備事業 （18）医学的リハビリテーション施設施設整備事業 （19）腎移植施設施設整備事業 （20）特殊病室施設整備事業 （21）肝移植施設施設整備事業 （22）治験施設施設整備事業
B　施設環境等の改善に関する事業	（23）病児・病後児保育施設施設整備事業 （24）特定地域病院施設整備事業 （25）地震防災対策医療施設耐震整備事業 （26）医療施設耐震整備事業 （27）アスベスト除去等整備事業 （28）看護師勤務環境改善施設整備事業 （29）看護師宿舎施設整備事業 （30）病院内保育所施設整備事業 （31）院内感染対策施設整備事業 （32）医療機器管理室施設整備事業
地域自主戦略交付金 ※ （※内閣府予算、平成25年度より厚生労働省へ移行）	（33）地球温暖化対策施設整備事業 （34）内視鏡訓練施設整備事業 （35）看護師等養成所施設整備事業 （36）看護師養成所修業年限延長施設整備事業 （37）看護教員養成講習会施設整備事業 （38）歯科衛生士養成所施設整備事業

出所：厚生労働事務次官通知「医療提供体制施設整備交付金の交付について」、
厚生労働省発医政第0405第15号、平成24年4月5日

表7　医療施設近代化施設整備事業の交付要件（部分、精神科病院関係の項は略）

①築後おおむね30年以上経過したか、激甚災害に係る地震により被災していること
②改修後の一床当たり病室面積が6.4㎡以上（改修の場合は5.8㎡以上）、かつ一床当たり病棟面積が18㎡以上（改修の場合は16㎡以上）
③医師・看護師の職員数が標準とくらべて、いずれか一方が医療法上の標準を満たし、かつ他方が80％以上であること
④整備区域の病棟の病床数を10％（条件によっては20％）以上削減し、そのまま病院全体の医療法の許可病床数を削減すること
⑤整備後の病棟には患者食堂又は談話室を整備するとともに、スロープを設置する等、高齢者・身体障害者に配慮した整備をすること
⑥整備区域の病棟は、最低20床以上の病棟とすること

出所：厚生労働省医政局長通知「医療施設近代化施設整備事業実施要綱の一部改正について」、医政発第0318010号、
平成21年3月18日

8 病院のBCP（事業継続計画）

地震災害と病院

　2011（平成23）年3月11日に発生した東日本大震災は、東北地方を中心として甚大な被害をもたらした。被災地域の病院では、最大震度7の激しい揺れや津波により、深刻な被害に見舞われた。全壊・半壊などの甚大な建物被害を免れた病院であっても、水や物資の供給不足、電気の供給不安定等により、長期的に診療活動が制限され、機能維持が困難になる事例が多々見られた。震災発生後も継続的に事業を行う、いわゆる事業継続計画（BCP：Business Continuity Plan）は、病院においても非常に重要である。

病院の機能を低下させる諸要因：手術の場合

　今日の病院はさまざまなシステムが複雑に絡み合って機能しており、災害発生時には思わぬ要因が病院の診療機能を低下させる可能性がある。東日本大震災においても、さまざまなエピソードが報告されている（表8）。

表8　東日本大震災におけるエピソード

・発災時に進行中だった手術は暗い中で懐中電灯を用いて手術続行。以降、電気不足のため空調が停止し、医療器材の滅菌・消毒もできないため、緊急手術のみとし、予定手術の再開は4月であった。
・入院中の軽症者は退院させ、他病院より患者を受け入れた。近隣の在宅酸素療法患者や在宅人工呼吸器装着患者も受け入れた。移送患者とともに搬送元病院から、看護・リハ・栄養士等が医薬品等の物資持参で同行してきて、当院にて業務を行った。
・検査部門では電気の使用量を低減するために、放射線検査、CT、MRIの使用を見合わせた。
・エレベータ休止時は病棟への配膳を人力で実施せざるを得なかった。

出所：一般社団法人日本医療福祉建築協会「病院の震災対策：東日本大震災からの10の提言」、平成25年3月11日

　これらのエピソードを踏まえ、手術を例にとって、地震災害によりもたらされる諸要因がどのように影響するのかを想定してみる。

1．停電等によってエレベータが使用不可能となった場合、病棟から手術室への患者搬送、術後のICU・病棟への患者搬送は非常に困難になる。

2．手術部内部に対して非常用発電機から電力が供給されても、照明や空調が平常時とまったく同等に使用できるとは限らない。空調が停止した環境下では、感染管理の観点か

ら、手術の実施は制限されるであろう。今日の手術に欠かせないコンピュータや手術に用いる医療機器が、地震の揺れによって故障する可能性も考えられる。

3．中央材料室の洗浄消毒・滅菌装置が、停電や水の停止などによって使用不可能になると、手術に必要な医療器材を洗浄できなくなる。また、衛生材料などの消耗品が病院外部から供給されなければ、やはり手術は実施不可能である。

4．そもそも、執刀医や麻酔医、看護師、臨床工学技師、放射線技師など、手術に関わるスタッフが平常時と同様に活動することができるかどうかも、不確定である。

このように、地震災害発生時には、思わぬ要因により機能の継続を停止させられる可能性があることに留意しなければならない。とくに電気、水、エレベータの停止は、今日の病院の機能維持に大きく影響することが、過去の地震災害において報告されている。

機能停止しないための事前対策として、シミュレーションなどにより関係要因の洗い出しをしておくことが有効と考えられる。

病院職員のための災害対策

災害時の病院では、院内の患者の安全確保や災害医療の提供が期待される。しかし、その大前提として、病院職員自身の安全が確保され、安心して活動を継続できるための配慮が必要である。

東日本大震災では、患者への食事提供については分量を減らす等の工夫による対応がみられたが、職員の食料不足が大きな問題となった。食料備蓄は1995（平成7）年の阪神・淡路大震災以降、地震対策の一環として浸透してきているが、備蓄量については患者分のみを想定しがちである。職員分を含めた食料備蓄をしておくことが重要といえる。

また診療部門にくらべて軽視されがちであるが、スタッフの衣食住の確保は、災害発生時にはとくに重要となる。例えば、ガソリンの入手が困難になった場合など、車による通勤が困難になったスタッフは、数日にわたって病院に泊まり込むことになるため、宿泊場所を確保する必要が生じる。東日本大震災においては、阪神・淡路大震災を契機として制度化されたDMAT（Disaster Medical Assistance Team：災害派遣医療チーム）だけでなく、長期にわたる被災地外部からの支援が必要となったために、支援者のための宿泊場所の確保や食事の提供などが迫られた。さらに、若い職員が被災後も働き続けるためには、子供を安心して預けられる保育所も必要となる。

外部からの支援者に対して、病院が事前に衣食住の備えを講じておくことは、実際には困難である。しかし、東日本大震災の教訓を踏まえ、外部から訪れた多数の支援者が長期間病院内に滞在するケースまでを想定し、広域災害対応のシミュレーション訓練を行っておくことが重要である。

問題 1 病院建築に関して、以下の選択肢のうち誤っているものを1つ選べ。

[選択肢]

①病院の各部門を建築面積の観点からみると、もっとも多い面積割合を占めるのは外来部門である。

②病院は診療機器の技術進歩が激しいため、病院建築には成長と変化を想定した計画が求められる。

③病室の1床あたり面積は医療法によって規定されており、現在では6.4㎡が最低基準とされている。

④感染管理において建築設備が与える影響は大きく、とくに手洗い設備の適切な設置が重要である。

⑤病院の施設整備においては、各種の交付金制度を活用することが病院経営上有効である。

解答
1　①

解説
1

①×：各部門のおおよその面積割合は、病棟部門が40％でもっとも多い。外来部門は10％、診療部門は20％、供給部門は20％、管理部門は10％がおおよその目安である。当然ながら病院の診療機能により割合は異なってくる。

②○：診療部門はとくに機器更新等の理由によって建物整備の必要性が生じることが多い。病院経営の観点からも、施設整備について中長期計画を検討しておくことが必要である。

③○：1床あたり病室面積の最低基準は医療法により定められている。1948（昭和23）年の医療法制定当時は4.3㎡が1床あたり面積とされていたが、2001（平成13）年の第4次医療法改正において6.4㎡へと面積基準が引き上げられた。なお、これは最低面積（これに足りない病室面積では開設許可が下りない）であり、患者の療養環境としてふさわしい「推奨基準」ではないことに留意する必要がある。

④○：手洗いが感染管理上有効であることは、今日では常識となっている。手洗い設備は、手術部門のような特別に厳格な感染管理が必要な部門だけでなく、病棟や外来など多くの利用者がいる部門において必須の設備である。

⑤○：施設整備に関する補助金・交付金にはさまざまなメニューがあり、病院の機能に応じて利用できる事業を検討する必要がある。なお補助金・交付金の申請は、建築工事スケジュールに与える影響が大きいことから、施設整備計画の早い段階から補助金・交付金について検討を始めることが欠かせない。

第5章

戦後から現代までの医療経営史

■1 医療経営通史ー終戦から現在まで（1）
■2 医療経営通史ー終戦から現在まで（2）
■3 医療経営通史ー終戦から現在まで（3）
■4 医療保険制度のあゆみ
■5 高齢者（老人）医療の発達
■6 介護保険制度
■7 在宅医療のあゆみ
■8 医療法改正の歴史
■9 資金調達手法の多様化と消費税
■10 基準看護制度
■11 医療の情報化と画像診断機器の発達
■12 医薬分業と後発医薬品の利用促進
■13 健康診断のあゆみ
■14 予防接種のあゆみ
■15 先進医療と再生医療
■16 医療の産業化と国際化

医療経営通史—
終戦から現在まで(1)

1 終戦直後から1950年代……医療体制の復興

　1945 (昭和20) 年の終戦から1952 (昭和27) 年の日米平和条約締結までの間は、日本は連合軍最高司令官総司令部 (GHQ) の間接統治下で、医療の復興に取り組むこととなった。戦争による医療機関の被害は甚大で、医薬品や器材も極端に不足していた。旧日本軍関連の病院や療養所は旧厚生省に移管され、国立病院や国立療養所となった。1947 (昭和22) 年には日本医療団[1] の結核療養所は国へ、一般医療施設は都道府県や大都市の地方自治体へ移管された。1948 (昭和23) 年には医療法が制定され、1950 (昭和25) 年には医療法人制度が発足した。病院や診療所といった医療機関を担う事業体として、新しく「医療法人」という法人格を有する事業体を創設し、医療供給体制の再整備が始まった (当初は医療法人の設立には常勤医師が3人以上必要であった。常勤医師が1人でも設立可能となった1人医療法人制度の発足は1985〈昭和60〉年である)。また、1948年には医療職についても、医師法や保健婦助産婦看護婦法などで行動規範、養成の仕組みと資格試験が法制化された (看護婦不足に対応した準看護婦制度は1951〈昭和26〉年施行)。

　戦前からの被用者保険や国民健康保険の制度は存続していたものの、戦後は戦争による社会インフラの荒廃や戦後インフレのなかで、事実上、機能停止状態となった。1947年における保険による診療は診療全体の3割程度で、残りは自由診療といった状況であったという報告もある。その後、医療保険制度の整備と戦後不況の影響もあり、徐々に公的保険による診療 (保険診療) が浸透していった。

　1948年に公立病院、1951年には日本赤十字病院、全国農業協同組合連合会 (厚生連)、その他の公立病院の設置に国庫補助がなされた。また、病院と同様に開設に国庫補助がなされた市町村直営診療所は、その数が急増した。民間病院については、医療法人化で資金調達が容易になったことに加え、その後の朝鮮戦争の影響による景気好転もあり、民間病院の建設が活発化していった。しかし、一方では、公立医療機関の乱立が問題化していった。

1　1941 (昭和16) 年の国民医療法の制定により創設された戦時下に全国の病院を運営した公的組織で、1947年に解散。

2 　1960年代……社会保険医療体制の整備

　1961（昭和36）年には国民皆保険が実現した。皆保険により国民の医療へのアクセスが改善し、医療需要が高まっていった。同時に、医療需要の増大に対応して病院等の医療機関の設置が増えてきた。こうしたなか、医療政策的には医療機関の適正配置と診療機能の充実強化が必要になってきたことから、1960（昭和35）年には、医療機関が不足している地域における病院や診療所の新設への低利融資を専門に行う政府系金融機関として、医療金融公庫（現在の独立行政法人福祉医療機構）が発足した。一方で、乱立傾向にあった公的病院には、1962（昭和37）年に病床規制が導入された。民間病院については従来どおり、自由開業制が継続したため、都市部を中心に民間病院の建設が進み、その後、民間病院を中心とした病院医療体制が築かれることとなった。

　老人保健福祉体制の整備に政策的な対応が実施され始めたのも1960年代である。1963（昭和38）年には老人福祉法が制定され、養護老人ホーム、特別養護老人ホーム、軽費老人ホームの設置、健康診査の実施が定められた。

　なお、薬事に関しては、1960年代は、サリドマイド事件（胎児に対する催奇形性）やスモン事件（キノホルムによる亜急性脊髄視神経症）などの医薬品の副作用被害が社会問題化した。これを契機に、医薬品の副作用に対する国民の関心が高まった。

3 　1970年代……高齢化社会を意識した医療体制の整備

　1970（昭和45）年には人口の高齢化率が7％を超え、日本も高齢化社会となった（WHOは7％超を高齢化社会と定義）。高齢化の進展、医療・医学の進歩、老人に対する医療の充実強化等による将来的に高まる医療需要に対応するため、まず医師の養成数の増加と医師の地域偏在の是正が必要とされた。このため、医学部総定員数を増加させる方針が打ち出され、1973（昭和48）年2月に「一県一医大構想」が閣議決定のうえ、1979（昭和54）年10月の琉球大学医学部設置により、医学部総定員は全国で8,280人（私大含む）になるとともに、本構想は達成された。

　なお、医師養成政策は、その後、社会の経済状況や医療費の動向等を反映し、いったん養成抑制となったのち、現在は再び養成増の方針となっている。

　経済低成長時代に入ると、今度は医師過剰が危惧されはじめ、1986（昭和61）年には医師数抑制の方針が打ち出された。このため、医師の養成数も減少し、2003（平成15）年から2007（平成19）年の間は7,625人の低水準で推移した。ところが、今度は医療崩壊が懸念されはじめ、緊急医師確保対策が打ち出されたことから、再び医師の養成数は増加に転ずることとなった。

　さらに、2010（平成22）年には、旧民主党政権が成長戦略の中で、「健康大国戦略」とし

て医師養成数の増加の方針を打ち出し、地域の医師確保や研究医養成のために各医学部で定員増が図られることとなった。また、東北地域をはじめ複数の地域で医学部新設に向けた動きが活発化している。これに対して、日本医師会は医療崩壊の加速等を懸念し、全国医学部長病院長会議は医学部定員増で対応可能として、医学部新設に反対の姿勢を取っている。民主党政権から自民党政権に交代したことで、医学部新設が加速するのではと期待する向きもあるが、現在、政府は医学部新設やメディカル・スクール構想などについて引き続き検討を行っている。医学部の総定員数は2003（平成15）年〜2007（平成19）年7,625名から2012（平成24）年8,991名へと約1.2倍増加した。また、1999（平成11）年には、初めて病院勤務医数が開業医数を上回った。医学部の定員増により2013（平成25）年4月現在の定員は全国で9,041人となった。

　一方で高齢化時代の到来により、1970年代に入ると、寝たきり高齢者が社会的な問題となってきた。1971（昭和46）年に、政府は、高齢者福祉の拡充と量的整備を目的とした社会福祉施設緊急整備5カ年計画を策定し、施設強化に乗り出した。1973（昭和48）年には老人医療費が無料化され、高齢者への医療支援体制は整備されてきたが、その一方、医療機関で高齢患者が急増し始めた。病院や診療所の外来待合室が老人で混雑し、病室の多くは高齢患者で占められた。この結果、中小病院をはじめとする病院が老人病院化していった。高齢の患者のなかには、病院の持つ医療サービス力を必ずしも要しない状態で長期入院を続ける患者も生じ、高齢者の社会的入院が無視できない状況となってきた。さらに、高齢者福祉施設の量的拡充が図られる中、1970年代の後半や末ごろになると、高齢者福祉施設の「生活の場」として機能や住み慣れた地域でのサービスの受給といった施設サービスの質的な面の改善に目が向けられはじめた。この結果、特別養護老人ホームの1部屋当たりの基準人数が「8人あるいは6人」から「4人」へと改正され、入所者のプライバシーの保護の強化が図られた。また、居住地域を変えずに在宅生活を支援するサービスとして、短期入所（ショートステイ）や通所ケア（デイケア）が登場した。

　また、1960年代に発生したスモン事件（1979年和解）等の医薬品による健康被害の発生が契機となって、1979年に医薬品等の品質、有効性及び安全性の確保を目的にした薬事法の改正が実施された。同時に医薬品副作用被害救済基金法が制定され、医薬品副作用救済業務が始まった（現在は独立行政法人医薬品医療機器総合機構が継承）。

column① 医師養成数について

　1961(昭和36)年の国民皆保険制度の実施に伴うその後の医療需要に対応するために、国は、1970(昭和45)年に、数年以内に医学部入学定員を4,300人から6,000人に増員することを発表した。1973(昭和48)年には医師の偏在を解消するために、一県一医科大学を設置する目標を掲げた。ところが、日本が経済の低成長時代に入り、財政赤字が問題化すると、1986(昭和61)年に政府は、将来の医師需給に関する検討会最終意見を踏まえて医師養成数の抑制に政策転換し、1998(平成10)年を目途に医師の新規参入数を10%削減することが目標とされた。この結果、2003(平成15)～2007(平成19)年の間は、7,625人まで縮小した。ところが、そののち医療崩壊が危惧されはじめ、2006(平成18)年の医師の需給に関する検討会では、医師不足が再び議題化した。2007年には、政府は緊急に医師確保対策として、医学部の入学定員増を指示し、2009(平成21)年には8,486人まで増員した。さらに、2010(平成22)年からは、都道府県が奨学金を設け、大学が地域医療を行う意思を持つ者を選抜するという地域枠による定員増により、2017(平成29)年度までの累計で610人増員した。これに加え、2016(平成28)年には東北医科薬科大学医学部(100人)、2017年に国際医療福祉大学医学部(140人)が新設されたことから、2017年度の医学部の入学定員は9,420人までに増員した。地域枠は2017年度で終了の予定であったが、2019(平成31)年度まで継続されることが決定している(2018年度の定員は9,419人、うち地域枠は316人)。

2 医療経営通史——終戦から現在まで(2)

1 1980年代……医療資源の量的規制と医療費抑制へ

2度の石油ショックを経て1980(昭和55)年に入ると、日本経済は高度成長から安定成長期を迎える。政府の財政再建が課題となり、1980年に第2次臨時行政調査会(第2次臨調)が設定され、政府財政における歳出の削減と合理化が始まった。これを受け、医療保険制度や老人医療費の支給などの見直しが開始され、医療費の伸びは「国民所得の伸び率程度」とされ、医療費の抑制が国の基本方針となった。1983(昭和58)年2月には、老人保健法が施行され、老人医療費はこれまでの事実上の無料から一部負担となった。

1985(昭和60)年4月には、病院などの医療機関の量的確保はほぼ達成したとし、地域偏在の解消と病院の機能分化を念頭に、第1次改正医療法が施行され、地域医療計画による医療圏を単位とする病床数の総量規制が開始された。

1986(昭和61)年には、病状が安定し療養が必要な高齢者に対して、医療ケアと日常サービスを提供する施設として老人保健施設[1]が創設され、1989(平成元)年には、住み慣れた地域で、家族、親しい知人や近隣住民と暮らしていけることを目指した在宅福祉の充実を目標とした、ゴールドプランが策定された。

1970年代後半から医師過剰が論議されるようになり、1982(昭和57)年には、医師過剰を招かない合理的な養成計画の確立を、政府部内で検討することが閣議決定された。次いで、「将来の医師需給に関する検討委員会」が設置され、1986年には同会の最終意見において、「1995年を目途に医師の新規参入を10%程度削減する」と提言された。1987(昭和62)年の文部省(当時)の「医学教育の改善に関する調査研究協力者会議」の最終まとめでは、「1995年に新たに医師になる者を10%程度抑制することを目標として、国公私立大学を通じて入学者数の削減等の措置を講じること」が提言された。1989年には合計特殊出生率が1.57と戦後最低となり、少子化社会が到来した。2011(平成23)年の出生率(確定値)は1.39で、2012(平成24)年の出生数(推計値)は人口千人当たり8.2と統計制定の1899(明治32)年以降、最低の水準となった。

---

1 「老人保健施設」とは、要介護者に対し、看護、医学的管理のもとにおける介護および機能訓練その他必要な医療並びに日常生活上の世話を行うことを目的とする施設をいう。

2　1990年代……医療費適正化の時代へ

　1990年代には、ゴールドプランに基づく、高齢化社会に対応した高齢者保健福祉体制の整備が本格化した。その一方で、高齢患者の増加や患者の大病院志向等で、人気のある医療機関や大病院ほど診療待ちの時間が長くなり、「3時間待って3分間診療」と称される状況も生じた。患者の医療に対する信頼を高め、患者に見合った適切な医療サービスを提供するために、在宅福祉サービスや施設サービスの量的整備が急がれた。一方で、医療機関については、第2次と第3次の医療法改正が2回実施され、医療機能の分化と患者への情報提供の推進が図られた。機能分化では、1992（平成4）年の第2次改正で特定機能病医院と療養型病床群が創設され、1997（平成9）年の第3次改正では総合病院制度が廃止され、地域医療支援病院が創設された。第3次改正では、患者に対する十分な説明と同意が必要とされ、インフォームド・コンセントが、医療の提供に当たる際の義務と規定された。また、医療の質の向上に向けて、医療機関の質の評価制度も発足した。1995（平成7）年に、財団法人日本医療機能評価機構（現在は公益法人化）が設立され、1997年から病院機能評価事業が本格的に開始した（2001〈平成13〉年に認定シンボルマークを制定し、認定病院に交付を始めた）。

3　2000年代……医療の効率化と質の確保

　21世紀を迎えると、2001（平成13）年4月に自由民主党、公明党および保守党を与党とする小泉政権が誕生し、総合規制改革会議（前身は1998〈平成10〉年発足の行政改革推進本部規制緩和委員会）で、医療分野の規制緩和が活発に論議され始めた。この間、2004（平成16）年5月に、政府は構造改革特区法を改正し、株式会社が特区において、高度医療[2]の提供を目的とする病院または診療所に限って開設することを認めた（ただし、特区では保険医療機関の指定は行われず、自由診療のみであった）。この他、総合規制改革会議は、レセプト・カルテのIT化の促進、保険者機能の強化、医療機関の広告規制の緩和などをアクションプランとしてまとめたのち2004年に廃止され、規制改革・民間開放推進会議と規制改革会議（2010〈平成22〉年終了）に引き継がれた（なお、規制改革会議は、2013〈平成25〉年1月に第2次安倍政権発足により、復活）。

　さらに、2003（平成15）年に閣議決定された「医療制度改革の基本」[3]を受けて、政府・与党（自由民主党と公明党）医療制度改革協議会は、2005（平成17）年12月に医療制度改革大綱を発表した。これは、急速な人口の少子高齢化、経済の低成長、国民生活や意識の変化を踏まえて、国民皆保険を堅持し、医療制度を将来にわたり持続可能なものとするた

2　再生医療、遺伝子治療、高度な技術を用いる美容外科医療、提供精子による体外受精など。
3　このとき、新たな高齢者医療制度の創設及び保険者の再編・統合については、2008年度に向けて実現を図ることとされた。

めの構造改革の基本方針を示したものである。2005年6月に閣議決定された「骨太の方針2005」においては、「医療費適正化の実質的な成果を目指す政策目標を設定し、達成のための必要な措置を講ずる」とした。同大綱においては、国民の希望する医療の安心・信頼の確保を達成するために、①安心・信頼の医療の確保と予防の重視、②医療費適正化の総合的推進、③超高齢化社会を展望した新たな医療保険制度体系の実現を基本方針として、医療制度の構造改革を推進するとされた。これに関係する医療改革関連法案は2006（平成18）年6月に国会で可決成立した。

　また、2000（平成12）年は医療事故がクローズアップされた年であった。1999（平成11）年の患者取り違え事件（横浜市立大学附属病院）や薬剤取り違えが原因の入院患者の死亡事故（東京都立広尾病院）、2002（平成14）年の前立腺内視鏡手術における医療過誤事件（東京慈恵会医科大学青戸病院、現在は同大学葛飾医療センター）など重大な医療事故が相次いで発生し、医療安全の確立が社会問題となった。

　医療技術の面では、2000年には米国でヒトゲノムのドラフトの解析が発表された（完全解析は2003年）[4]。この世界的偉業の達成は、バイオ医療に関する技術や関連するベンチャー企業が世界の注目を集め、現在の個別化医療（テーラーメイド医療）や再生医療、抗体医薬品あるいは治療用ワクチンが発展していく契機となった。

　2002年4月の診療報酬改定では、初めて後発医薬品（ジェネリック医薬品）の使用促進策が盛り込まれた。

　2008（平成20）年1月には、特定フィブリノーゲン製剤等によるC型肝炎感染被害者を救済する薬害肝炎被害者救済法が施行された。

　このような状況を受け、医療経営面においては、DPC（包括払い制）の導入、医療安全対策強化、ISO9000[5]や国際的な医療認証であるJCI（Joint Commission International）の取得等の医療サービスの質の向上、医療機関債による病院や診療所の資金調達の多様化、医療費の適正化に向けた予防医療施策（「メタボ検診」と称される特定健康診査や特定保健指導）、生活習慣病重症化予防行為の診療報酬化、がん対策の強化、職場でのメンタルヘルスやワークライフバランスへの対応等、新しい多様な取り組みが行われた。

　特に、DPC（診断群分類別包括評価制度）は、医療機関に診療行為の選択自由度を与えるものであるが、同時に質を維持したうえでの原価管理や収益確保の努力を医療機関に求めるものである。したがって、DPC／PDPSの導入はこれまで出来高払い制の診療報酬制度の中で医療サービスを提供してきた日本の医療機関の経営形態に経済的効率性を問う大

4　2000年の発表は、暫定的な結果の発表でゲノム全体の約9割を解析したにとどまっていた。完全解析の達成は2003年で、Nature雑誌でのヒトゲノムの完全解析の最終結果の発表は2004年のことである。

5　ISOとは、国際的な任意団体である国際標準化機構の略称である。ISO9000とは、同機構が定める品質マネジメント体制の1つの基準である。企業や各種団体等の組織に対してこの基準に基づく品質管理体制にあるか否かを実地に監査し、基準適合している組織に対して認証を与えている。この認証は製造業に限らずサービス業も対象としている。医療過誤の防止や患者中心の医療が求められている昨今の状況に対応して、医療サービスの質を保つために、ISOによる品質マネジメント体制を構築し、認証を受ける医療機関が増えている。

きな経営手法の転換を求めるものであった。また、糖尿病透析予防指導管理料に代表される生活習慣病の重症化予防行為の報酬化は、保険医療における予防重視という新たな方向性を示したものとも考えられる。医療機関経営に資する予防医療の取り組みモデルについても、経営課題として考えていく必要があろう。

---

column② 診療報酬点数表とDPCの導入

　保険診療費は、診療報酬点数表で診療行為別に点数で定められた単価の積み上げ（点数単価方式による出来高制）により算定される。健康保険法施行当初は、保険診療費は、人頭請負方式であったが、1943（昭和18）年に現在のような出来高制が導入された。また、翌年には、現在の中央社会保険医療協議会（中医協・1950〈昭和25〉年発足）の前身である社会保険診療報酬算定協議会が設立された。現在のような診療報酬点数表の基盤は、1961（昭和36）年の国民皆保険制度の達成時にできあがったとされる。現在の同表は、医科でだけでも約3,000とかなりの項目数から構成されている。

　また、診療報酬点数表は、単なる診療費の算定表ではなく、政策誘導機能を有している。例えば、政策的に、夜間休日診療や救急医療の整備、あるいは小児科や産科の強化が必要となれば、こういった領域の診療報酬単価を高めに設定する等といった改定が行われている。現在、同表の項目や点数の設定には、厚生労働省が取り組んでいる在院日数の短縮や、医療機関の機能分化の促進が反映されている。

　2003（平成15）年には入院診療費に包括的算定方式である診断群分類別包括評価制度（DPC）を試験的に導入し、長年続いてきた出来高制を初めて変更した。DPC／PDPSは、病気の種類と診療内容によって分類された「DPC」と呼ばれる区分に基づいて，あらかじめ国が定めた1日当たりの定額部分と出来高による部分を組み合わせて、入院診療費を計算する方式である。2003年に82の病院から始まったDPCは、2018（平成30）年4月1日見込みで1,730の病院が参加するまで拡大している。また、近年、医療費の適正化に向けた政策が推進され、医療の効率性と質の向上が課題となっている。医療の効率性に向けて、2008（平成20）年の診療報酬改定では、回復期リハビリテーション入院料の評価に、重症者割合と在宅復帰率が基準を満たす場合の高点数の設定や重症者回復加算といった「質の評価」が初めて試行的に導入された。

医療経営通史──
終戦から現在まで(3)

1　2010〜2012年……社会保障・税一体改革大綱の制定

　2009(平成21)年9月に、自由民主党と公明党からなる自公連立政権から旧民主党への政権交代が起こり、旧民主党を中心とする鳩山由紀夫政権が誕生し、高齢者医療制度の廃止や療養型病床の廃止期限の延長の方向が示された。2010(平成22)年の診療報酬改定では、病院勤務医の負担軽減、救急医療や周産期・小児医療の充実などを念頭に、10年ぶりのプラス改定となった。

　2012(平成24)年2月には、旧民主党の野田政権は、医療・介護については高度急性期への医療資源の集中投入、地域包括ケアシステム等の構築などを講じるとした社会保障・税一体改革大綱を閣議決定した。同年8月には、社会保障制度改革推進法が国会で可決、成立した。同法には、健康の維持増進および病気の予防と早期発見の積極的な促進、医療従事者・施設等の確保と有効活用等を図ること、医療保険に財政基盤の安定化、保険料に係る国民負担の公平性の確保、保険給付となる療養範囲の適正化などを図ることが盛り込まれた。医療のあり方については、個人の尊厳と患者の意思の尊重により、人生の最終段階を穏やかに過ごすことができる環境を整備すること、今後の高齢者医療制度については、社会保障制度改革国民会議で検討し結論を得ることとされた。

2　2013年〜現在　持続可能な医療体制─地域包括ケアシステムの芽生え

　社会保障制度改革国民会議は、2012年11月から2013(平成25)年8月までの20回開催され、2013年8月6日に、「社会保障改革国民会議報告書〜確かな社会保障を将来世代に伝えるための道筋〜」をまとめた。同報告書には「Ⅱ.医療・介護分野の改革」において、「(3)改革の方向性、①基本的考え方」として、地域完結型の医療に見合った診療報酬・介護報酬の見直し、フリーアクセスについては、緩やかなゲートキーパー機能を備えた「かかりつけ医」の普及と「望ましい医療」に対する国民意識の変化を求めている。また、②機能分化とネットワークの構築として、病床機能の分化と在宅医療・介護の充実、病状に見合った患者の施設間の移動を可能にするネットワークの構築、③健康維持増進等としては、医療保険者によるICTを活用したレセプトデータの分析も含め、健康維持・疾病予防に向

けたインセンティブの働く体制づくり、自発的な健康づくりへのサポートを検討事項に掲げている。

「2．医療・介護サービスの供給体制改革」では、（1）病床機能報告制度の導入と地域医療ビジョンの策定、（2）都道府県の役割強化と国民健康保険制度運営の都道府県移行、医療法人等が容易に再編・統合できるよう（3）医療法人制度・社会福祉法人制度の見直し、（4）医療と介護の連携と地域包括ケアシステムというネットワークの構築、基金方式の検討など、（5）医療・介護サービスの提供体制改革の推進のための財政支援、（6）医療のあり方では、総合診療医の養成、医療機関の勤務環境改善、チーム医療の確立、医療者の離職防止、看護資格者の登録義務化、医師の業務と看護業務の見直し、人生の最終段階を穏やかに過ごすことができる環境の整備など、最後に（7）改革の推進体制整備として「都道府県ごとの地域医療ビジョンの策定」、医療・介護提供者間のネットワーク化等の医療・介護の一体改革、国保保険者の都道府県移行を求めている。また、医療保険制度改革では、（1）財政基盤の安定化、保険料に係る国民負担に関する公平の確保、（2）負担能力に応じた自己負担など医療給付の重点化・効率化、（3）難病対策等の改革を掲げた。「4．介護保険制度改革」としては、「地域包括ケアシステムの構築こそが最大の課題である」と記している。

同報告書に掲げられた事項は、その後の第6〜8次の医療法改正、診療報酬および介護報酬改定を通じて、順次、施策化されている。また、医療の情報化においては、内閣府により組織された次世代医療ICT基盤協議会により、レセプト情報や健診データのデータヘルス計画などでの利活用に向けての個人情報確保と医療ビックデータの活用に向けた基盤性整備を目的とする次世代医療基盤法が2018(平成30)年5月より施行となった。

データ BOX 1　医療安全の歴史

1　2001(平成13)年　厚生労働省　医療安全対策会議　設置
2　2002(平成14)年　医療安全推進総合対策を策定
　　2002年10月から　特定機能病院および臨床研修病院における安全管理体制強化
3　2003(平成15)年　厚生労働大臣医療事故対策緊急アピール
4　2006(平成18)年　医療法改正で無床診療所にも医療安全対策を義務付け
　　臨床研修病院、一般病院、および有床診療所に指針と院内報告制度の義務付け、安全管理委員会の設置、および職員研修の義務付け
5　2007(平成19)年　無床診療所にも指針と院内報告制度の整備、職員の研修を義務付け

6　2009(平成21)年　産科医療補償制度の運用開始

7　2015(平成27)年　医療事故調査制度施行

8　2016(平成28)年　特定機能病院の承認要件見直し(医療安全管理責任者の配置および医療安全管理部門の設置など)

出所：厚生労働省

# ❹ 医療保険制度のあゆみ

1 医療保険の始まり

　日本では、公的な医療保険により国民皆保険体制が実現されている。しかし、医療保険制度は一元化されておらず、発足時期が異なる6つの種類の医療保険から構成されている。医療保険の種類は、大きく職域保険と地域保険の2つに区分される。職域保険には、大企業等の従業員とその家族を対象とする被用者保険（組合健康保険）、中堅企業の従業員を対象とする協会けんぽ（旧政府管掌健康保険）、船員保険、公務員を対象とする共済組合があり、地域保険としては、農業者や自営業者を対象とする国民健康保険がある。

　現在の原型となる医療保険は、戦前から構築されている。すでに1920年代の大正末期から昭和初期にかけて、整備が始まっている。その後、1937（昭和12）年に保健所法が制定され、全国に保健所が設置された。1938（昭和13）年には、内務省から独立して厚生省が発足した。

　医療保険のなかで、最初に発足したのが職域保険である。1922（大正11）年に健康保険法が制定され、1927（昭和2）年には全面的に施行された。これにより、ドイツの社会保険をモデルにした工場、鉱山、交通等の適用事業所（従業員10人以上）の従業員本人に対する医療保険制度（当時は労災保険の機能も包含されていた）が動き始めた。

　次いで、地域保険の国民健康保険法が1938年に制定された。国民健康保険については、当時は、自治体による運営形態ではなく、市町村等を単位にした任意組合という形態で運営された。1939（昭和14）年には、職域保険の職員健康保険法と船員健康保険法が公布され、組合健康保険では、家族も給付対象となり、1941（昭和16）年の太平洋戦争開戦の年には受診者に対する医療費一部負担金の制度も導入された。

国民皆保険の実現

　戦後は、日本国憲法（1946〈昭和21〉年公布）に基づきGHQの間接統治下で、復興に向け医療保険体制の再構築が図られた。1947（昭和22）年、健康保険法の改正が行われ、業務上傷病は組合健康保険の給付対象から除外のうえ、それを補う保険制度として、同年に労働者災害補償保険法（労災保険法）が制定され、労災保険が導入された。1948（昭和23）年には国民健康保険法が改正され、運営形態は市町村公営が原則で任意設立とされ、被用

者保険等の加入者以外は強制加入となった。同年、診療費の医療機関への支払いを担当する機関として、社会保険診療報酬支払基金が設立された。その後、国家公務員等の共済組合が整備され、1958（昭和33）年には被用者保険加入者以外のものに、国民健康保険への加入を義務づける国民健康保険法の改正が実施され、1961（昭和36）年に国民皆保険が実現した。

　1960年代になると、日本経済は高度成長期に入り、健康保険給付の充実が図られ、1968（昭和43）年には、国民健康保険が医療費の7割給付の完全実施を達成した。1970年代には、人口の高齢化が意識され始め（人口高齢化率が7％を超え国連定義の高齢化社会となる）、1973（昭和48）年の健康保険法の改正で、高齢者医療が無料化した（福祉元年）。また、被用者保険での家族7割給付や高額療養費制度導入などが実施された。一方では、石油ショックによる経済成長の減速もあり、給付額の増加に対応して、1977（昭和52）年のボーナス対象の特別保険料創設といった保険料収入の増収策も講じられた。1980年代になると、国の財政再建が当面の課題となり、老人医療費や医療保険制度の見直しが実施された。1983（昭和58）年には老人保健法施行で高齢者医療費の無料化が廃止され、入院・外来時の医療費が一部患者負担となった。1984（昭和59）年には、健康保険の本人1割自己負担を中心とする健康保険法改正が行われた。その後も、老人保健法や国民健康保険法等の幾多の改正を経て財政安定化が図られた。1989（平成元）年には、施設の充実と在宅福祉サービスの拡充からなる高齢者保健福祉推進十か年戦略（ゴールドプラン）が策定された。1990年代は、人口の少子高齢化に対応した医療保険制度の見直しが必要とされた。加えて、1990年後半からバブル景気の崩壊による低成長時代に入った。このため、医療保険財政の基盤を安定化するために、制度の改正も頻繁に実施され、1994（平成6）年にはゴールドプランも新たなプラン（新ゴールドプラン）へと見直された。1997（平成9）年の健康保険法改正では、被用者保険の本人一部負担額は2割となった。

　2000（平成12）年になると、1994（平成6）年ごろから検討されていた介護保険法（成立は1997年）が施行された。2002（平成14）年には、被用者保険の本人負担が3割となった。これによって、国民健康保険と給付率が同率となり、給付の一元化が達成され、また高齢者の医療費の完全定率1割負担が導入された。さらに、2006（平成18）年の健康保険法改正では、世代間の給付の公平性を確保するために、70歳以上の現役並みの収入がある世帯の3割負担が実施され、入院期間の短縮、生活習慣病予防（特定健康診査と特定保健指導、いわゆるメタボ検診制度の実施）、新たな高齢者医療保険（後期高齢者医療保険）の導入等が決まった。2008（平成20）年4月より、後期高齢者医療制度と特定健診・特定保健指導制度が施行された。

　国民健康保険においては、2018（平成30）年4月から、持続可能な社会保障体制を図るために、これまでの市町村とともに、都道府県が財政責任主体となり、都道府県をベースに広域運営されるようになった。

 高齢者（老人）医療の発達

1 老人に対する社会的支援の始まり

老人[1]に対する社会的支援は、まず福祉の観点から始まった。1950年代ごろの老人福祉は、貧困、病気あるいは老衰で自立生活ができないことに加えて身寄りがない等、何らかの理由で生活に困窮している老人を対象にした事業が主であった。"養老院"と称され老人保護のための施設も存在はしていたが、こういった施設は「老衰のため独立して日常生活を営むことのできない要保護者を収容して、生活扶助を行うことを目的とする」生活保護法に位置づけられた養老施設の範疇として、考えられていた。

当時は老人医療やリハビリテーションの体制がまだ発達していなかったこともあり、老衰や脳卒中等から寝たきり状態になる老人の増加が社会問題化していった。このような状況を背景に、1963（昭和38）年に老人福祉法が制定され、翌年には厚生省社会局に老人福祉課が設置された。これにより、老人福祉政策が全国的に推進されていった（表1）。

老人医療費の無料化

1961（昭和36）年に国民皆保険制度が実現したが、健康保険では加入者本人が10割給付であったのに対して、老人が家族や国民健康保険加入者あるいはその家族に該当する場合は、医療費の5割あるいは3割の一部自己負担を強いられた。これは、老人にとっては大きな経済的負担であった。このため、65歳以上の者は、健康診査で要療養となっても、必要な療養が受けられないという状況が生じた。この状況を改善するために1973（昭和48）年、市町村が実施主体となって老人の医療費の自己負担分を公費で賄うという老人医療費支給制度が老人福祉法の改正により創設された。この制度により、70歳以上の被用者保険（組合健康保険）と国民健康保険に加入する70歳以上の老人の医療費は無料化された[2]。

しかしながら、老人医療費の無料化は、老人の受診率と1件当たりの医療費を著しく上昇させ、老人医療費の急増という結果を招いた。同時に、被用者保険と老人加入率の高い国民健康保険（退職者が加入するため）の間で老人医療費負担に大きな格差を生じさせた。

---

1 本項では、法律名称などに合わせて、1999（平成11）年までは老人という表現を用いたが、2000（平成12）年以降については、老人にかわって高齢者という表現を用いた。
2 本制度実施以前に、岩手県沢内村、東京都、秋田県など一部地方自治体レベルでは、各自治体の判断で保険給付率の引き上げによる老人の医療費の無料化が行われ始めていた。

老人保健制度の創設と退職者医療制度の創設

1980年代に入ると、日本経済は安定成長期に入り、国の行財政の改革が急務となった。医療費についても、高齢化の進展で増加が見込まれることから、長期に安定した運営が可能な体制の整備が必要となった。このため、1982（昭和57）年に老人保健法が制定され、1983（昭和58）年に老人保健制度が施行された。本制度により、70歳以上の老人と65歳以上の寝たきり老人に係る医療費の自己負担分を公費のみで支える仕組みから、公費に加え、医療保険者からの拠出金および加入者の一部自己負担金（定額）とで支える（負担する）仕組みに変更された。このため、1973（昭和48）年以来約10年間続いた老人医療費の無料化は廃止され、一部自己負担を求める形になった。また、被用者保険の高齢退職者は、退職後に国民健康保険に加入すると、被用者保険と国民健康保険の給付率が異なることから、医療費の必要性が高まる時期に給付率が低下することなる。これを避けるために、1984（昭和59）年には、退職者医療制度[3]が創設された。退職者医療制度の財源は、公費負担ではなく、退職者医療保険の被保険者からの保険料と、被用者保険の保険者等からの財政力に応じた拠出金で運営された。

またこのとき、健康保険のなかに、老人保健施設[4]という新たな医療施設が設定された。その後、被用者保険者からは、医療費増で財政状況が悪化するなか、重くなる一方の老人保健制度拠出金（老健拠出金）の負担について不満が高まった。1999（平成11）年には、被用者保険者（健康保険組合）は、老健拠出金の不払い運動を起こした。政府は、1997（平成9）年ごろから新しい老人保健制度の検討を始めたとされるがまとまらなかった。政府はそれに対応して、2002（平成14）年7月に成立した健康保険法等改正で同年10月から2007（平成19）年10月までに老人保健制度の対象者の年齢を70歳から75歳に引き上げ、公費負担率も3割から5割に引き上げた。

高齢者医療制度の創設

2003（平成15）年3月に、政府は、医療保険制度体系等に関する基本方針を閣議決定し、高齢者に対する医療制度を75歳以上の後期高齢者と、65歳から74歳までの前期高齢者の、それぞれ新しい制度とすることを決定した。次いで、2005（平成17）年に政府・与党（自由民主党と公明党）は医療制度改革大綱を定め、後期高齢者については独立した医療制度を創設し、前期高齢者については、保険者間の負担の不均衡を調整する仕組みを創設するとした。

3　本制度の実施により、国民健康保険の被保険者のうち厚生年金等の被保険者の期間が20年以上である者、または40歳以後の厚生年金等の被保険者の期間が10年以上である者、これらの者の被扶養者を対象に、医療費給付が退職被保険者は8割、被扶養者は外来7割、入院8割となった。

4　介護を必要とする高齢者の自立を支援し、家庭への復帰を目指すために、医師による医学的管理のもと、看護・介護といったケアはもとより、作業療法士や理学療法士等によるリハビリテーション、また、栄養管理・食事・入浴などの日常サービスまで併せて提供する施設（公益社団法人全国老人保健施設協会ホームページより）。

　2006(平成18)年6月に健康保険法等改正案が成立し、2008(平成20)年4月から後期高齢者医療制度が施行された。このとき、2014(平成26)年までの経過措置として、退職医療制度は存続しているが、同制度の廃止が決定されている。後期高齢者医療制度は、75歳以上の後期高齢者を対象として、その心身特性や生活実態を踏まえた新しい医療制度で、財源は公費(約5割)、現役世代からの支援(約4割)、被保険者保険料(1割)とすることが定められた。事業主体は、都道府県の広域連合である。

　後期高齢者医療制度の導入については、なぜ後期高齢者だけをことさら取り上げて別建ての健康保険を創設する必要があるのか、後期高齢者に対する医療を置き去りにするような冷たい制度だなどと、与野党、医師会および高齢者をはじめ多方面から反対を唱える声が数多く上がったが、その後定着していった。2012(平成24)年8月、社会保険制度改革推進法の成立により、高齢者医療制度の今後については、社会保障制度改革国民会議で検討されることとなった。

データBOX 2　高齢者医療制度の見直しに関する経緯

2008年4月　後期高齢者医療制度施行

2009年11月〜2010年12月　厚生労働省の高齢者医療制度改革会議において議論
・「最終とりまとめ」(2010年12月)では、後期高齢者医療制度が廃止とされた。

2012年2月　「社会保障・税一体改革大綱」(閣議決定)
・高齢者医療制度改革会議のとりまとめ等を踏まえ、高齢者医療制度の見直しを行う。
・具体的内容について、関係者の理解を得た上で、平成24年通常国会に後期高齢者医療制度廃止に向けた見直しのための法案を提出する。

2012年6月　3党合意(民主党・自由民主党・公明党)
・「今後の高齢者医療制度にかかる改革については、あらかじめその内容等について3党間で合意に向けて協議する」(民主党・自由民主党・公明党「確認書」)

2012年8月　「社会保障制度改革推進法」成立
・「今後の高齢者医療制度については、状況等を踏まえ、必要に応じて、社会保障制度改革国民会議において検討し、結論を得ること」(社会保障制度改革推進法第6条第4号)

2012年11月〜　社会保障制度改革国民会議開催
・2012年11月から2013年8月までの間に20回開催

・併行して、3党（民主党、自由民主党、公明党）実務者協議を実施
・2013年8月に社会保障制度改革国民会議報告書を公表

出所：厚生労働省

表1　老人保健の歩み

年　代	主　な　動　き	
1960年代	高齢者福祉政策の開始	1960年　高齢化率5.7% 1963年　老人福祉法制定 　特別養護老人ホーム創設、ホームヘルパー（老人家庭奉仕員）の法制化
1970年代	老人医療費の増大	1970年　高齢化率7.1% 1973年　老人医療費無料化（老人医療費支給制度）
1980年代	社会的入院等の社会問題化	1980年　高齢化率9.1% 1983年　老人保健法の制定 　老人医療費の一定額負担の導入等 1989年　ゴールドプラン（高齢者保健福祉推進十か年戦略）の策定、施設緊急整備と在宅福祉の推進
1990年代	ゴールドプランの推進と介護保険制度の導入	1990年　高齢化率12.0% 1994年　新ゴールドプラン（新・高齢者保健福祉推進十か年戦略）の策定、在宅介護の充実 1997年　介護保険法成立
2000年代	介護保険制度の時代	2000年　高齢化率17.3%、介護保険制度開始
2008年	後期高齢者医療制度が施行	老人保健の主体は、高齢者医療制度へ委ねられることになった

出所：厚生労働省ホームページ、厚生白書

6 介護保険制度

1 介護保険制度の創設

　高齢化が進行するなかで、介護を必要とする高齢者の増加への対応、現行老人福祉制度の限界、将来の介護サービスの提供に向けた財源の確保などといった課題が社会で顕在化し、新たな高齢者介護体制の導入を望む機運が高まってきた。このため、旧厚生省(現厚生労働省)は1994(平成6)年に省内に、「新しい高齢者介護システムの構築」の検討を行う高齢者介護対策本部を設置した。これが、介護保険制度の設立に向けた本格的な検討の始まりである。1995(平成7)年には、厚生大臣の諮問機関である老人保健福祉審議会での検討も開始された。1996(平成8)年にまとめられた同審議会の最終報告書を踏まえる形で、介護保険法案が作成された。本法案は、1996年11月に国会に提出され1997(平成9)年12月に成立した。

■ 介護保険制度の見直し

　介護保険制度は、2000(平成12)年4月から始まった。①介護を社会で支える仕組みづくり、②利用者と事業者間の契約による利用者本位サービスの提供、③福祉と保健医療サービスを総合的に受けられる仕組みの創設、④民間企業の参入による事業者の多様化及びサービスの量的拡大と質の向上、⑤介護への社会保険方式の導入、が本制度の目的である。その後、介護保険法は、2005(平成17)年6月と2008(平成20)年に一部が改正された。2005年の改正により、軽度の介護サービス受給者の急増への対応として介護予防の考え方、地域密着型サービス(小規模多機能型居宅介護等)の導入と地域包括支援センターの設置、介護保険施設の食費と居住費の保険給付からの対象外化が実施された。2008年5月の改正は、コムスン事件[1]を受けた同法の見直しによるもので、介護事業者に対する法令順守(コンプライアンス)体制整備の義務づけ、事業者に対する立ち入り調査権の創設、不正事業者の処分逃れ防止や不正再発防止などが新たに講じられた。

1　当時、業界で最大規模の訪問介護事業者であったコムスン社が介護保険制度における不正を行い、厚生労働省の行政処分を受けた。

介護報酬改定

　介護保険法では、介護報酬を3年ごとに見直すことが規定されている。創設以降、2003（平成15）年、2006（平成16）年、2009（平成21）年、2012（平成24）年と過去4回の改定が行われた（表2）。このうち、2009年には、「介護従事者の処遇改善のための緊急特別対策」として、2009年度介護報酬改定率を3.0％とすることが決定され、2012（平成24）年は「社会保障・税一体改革成案」の確実な実施に向けた最初の第一歩と位置づけられ、介護職員の処遇改善の確保、介護事業者の経営状況、地域包括ケアの推進等を踏まえて改定率は1.2％とされた。

　2014（平成26）年には、消費税8％への引上げに伴う改定を実施。2015（平成27）年には、

表2　過去の改定率の推移

改定年	改定率（％）			改定の視点
	全体	在宅介護	施設介護	
2003年	▲2.3	0.1	▲4.0	保険料の上昇をできる限り抑制、今後の介護のあるべき姿の実現、訪問介護の引き上げ、身体介護と生活援助の2種に再編、在宅重視と自立支援（介護予防と介護度上昇抑制、自立した生活のできうる限りの継続、施設入所者の在宅復帰）、サービスの質の向上
2006年	▲0.5	▲1.0	0.0	制度の持続可能性を高め、介護報酬の上昇を抑制、中重度者への支援強化、介護予防・リハビリテーションの推移、地域包括ケア・認知ケアの確立、サービスの質の向上、介護と医療の機能分担と連携の明確化
2009年	3.0	1.7	1.3	介護従事者の人材確保・処遇改善、医療との連携や認知症ケアの充実、効果的なサービスの提供や新たなサービスの検証
2012年	1.2	1.0	0.2	介護職員の処遇改善の確保、施設から在宅介護への移行、自立支援型サービスの強化、介護予防と重度化予防の効率化と重点化、地域包括ケアの推進
2014年	0.63			消費税引き上げ（8％）への対応
2015年	▲2.27	▲1.42	▲0.85	中等度の要介護者や認知症高齢者への対応のさらなる強化、介護人材確保対策の推進、サービス評価の適正化と効率的なサービス提供体制の構築
2017年（臨時）	1.14	0.72	0.42	介護人材の処遇改善
2018年	0.54			地域包括ケアシステムの推進、自立支援・重度化防止に資する質の高い介護サービスの実現、多様な人材の確保と生産性の向上、介護サービスの適正化・重点化を通じた制度の安定性・持続可能性の確保

出所：厚生労働省

中重度の要介護や認知症になっても、住み慣れた地域で自分らしい生活を送れるような「地域包括ケアシステム」の実現に向けた改定が行われた。介護を必要とする高齢者の増加により、改定率はマイナスとなった。24時間365日の在宅生活を支援する定期巡回・随時対応型訪問介護をはじめとした包括報酬サービスの機能強化など、①中重度の要介護者や認知症高齢者への対応のさらなる強化、②介護職の安定的確保とさらなる質の向上の推進、集合住宅に居住する利用者へのサービス提供に係る評価の見直しなどの③サービス評価の適正化と効率的なサービス供給体制の構築が図られた。2017（平成29）年には、介護職員の処遇改善に向けて、臨時に介護報酬の引き上げが行われた。介護報酬と診療報酬の同時改定となった2018（平成30）年では、団塊の世代すべてが75歳以上となる2025年に向けて質の高い効率的な介護供給体制の構築に向けた改定が実施された。

2　今後の介護保険制度

　診療報酬との同時改定となった2018年の改定では、Ⅰ．地域包括ケアシステムの推進、Ⅱ．自立支援・重症化防止に資する質の高い介護サービスの実現、Ⅲ．多様な人材の確保と生産性の向上、Ⅳ．介護サービスの適正化、重点化を通じた制度の安定性・持続可能性の確保と、大きく4つのテーマを念頭に改定が行われた。Ⅰ．では、介護医療院の創設や口腔衛生管理の充実と栄養改善の取り組みが生産性の向上、Ⅱ．では、リハビリテーションにおけるアウトカム評価の拡充に加え、通所介護における心身機能の維持にも同評価が導入され、訪問看護等の自立支援・重症化防止に外部リハビリ専門職との連携が盛り込まれた。Ⅲ．では、介護ロボットの活用やICTを活用したリハビリテーション会議の参加といった最先端技術を積極的に導入した場合の評価も図られている。Ⅳ．では、福祉用具貸与価格に上限の設定、集合住宅居住者への訪問介護、および訪問看護報酬体系や通所介護の基本報酬のサービス提供時間区分の見直しを行い、介護保険制度の安定性・持続可能性の確保を意図した改定となった。

　Ⅰ．で掲げられた「介護医療院」は、廃止ないし転換が決定されている療養型病床の移転先となる施設である。介護保険法では第8条第29項に、「要介護者であって、主として長期にわたり、療養が必要である者に対して、サービス計画に基づいて、療養上の管理、看護、医学的管理のもとに、介護および機能訓練、その他必要な医療並びに日常生活の世話を行うことにより、その者がその有する能力に応じ、自立した日常生活条の世話を行うことを目的に創設された施設である」と定義づけられている。つまり、この施設は医学的サポートを必要とする患者に対する終末期や看取りにも対応する長期療養と生活支援の機能を兼ね備えた施設である。本施設の創生に伴い、介護療養病床の廃止と転換の期限は、6年間延長され、2023年度末となった。

　今後も、PDCAサイクルで常に介護保険制度を評価し、時代のニーズと財政状況に応じ

た、きめこまかな改定で、制度の充実が図られていこう。特に、後期高齢者の増加のペースが早まってくることから、介護や医療が必要な状態、認知症やがんを罹患しても、住み慣れた居宅や地域で、生活を継続しているに、「地域包括ケアシステム」の充実、高齢者の経済的負担能力に応じた自己負担、予防介護の強化と介護報酬の重点化・アウトカム評価導入は継続していくものと考えられる。また、効率的運営面では、ロボット、AI、ICT、ビックデータ解析など先端技術の応用も図られていくことになろう。

在宅医療のあゆみ

1　在宅医療は、病院医療に端を発した新たな診療形態

在宅医療を満たす5つの条件

2012（平成24）年2月に閣議決定された「社会保障・税一体改革大綱」において、「在宅医療の推進」が、（1）医療サービス供給体制の制度改革＜今後の見直しの方向性＞に明記されている（表3）。社会保障の機能強化・機構維持のための安定財源確保と財政健全化の同時達成を目指す社会保障・税一体改革において、医療分野における重要施策の1つとして、位置づけられているのである。

1960（昭和35）年ごろまでは、急病や通院が難しいなどの場合、患者宅を医師が訪問し、診療するという診療形態、いわゆる「往診」が一般的に行われていた。とはいえ、このことから、日本では古くから今日に言う在宅医療が行われていたと解するのは早急である。現在の在宅医療は、「往診」の延長として発展してきた診療形態でない。あくまでも「往診」は臨時の診療で、計画的かつ定期的に行われている在宅医療とは内容を異にするものであることには留意しなければならない。現在実施されている在宅医療は、①通院困難な患者が対象で、②患者の同意により、③計画的医学管理のもとで、④定期的な診療を、⑤訪問により行うという、5つの条件を満たす診療形態と定義づけられる。「在宅医療（訪問診療）」と「往診」は、保険診療項目として、その両者が区別されて、並存している。

表3　在宅医療の推進

「社会保障・税一体改革大綱」より抜粋 ii 在宅医療の推進 在宅医療の拠点となる医療機関の趣旨及び役割を明確化するとともに、在宅医療について、達成すべき目標、医療連携体制などを医療計画に記載すべきことを明確化するなどにより、在宅医療を充実させる。

医療技術の進歩と過熱する大病院志向を経て

1970年代に入ると、医療技術の進歩するにつれて、診療の場は検査機器や治療用具の備わった医療機関が中心となっていった。その一方で、「往診」はその数を減らしていった。

その後もできるだけ進んだ医療を受けたいという患者志向は衰えることを知らず、外来も含め医療の中心が病院となる傾向が強まっていった。その結果、軽症患者までが大病院へ集中するという、患者の大病院志向という弊害も生じることとなった。

　1980年代ごろになると、病院医療が医療サービスの中心となる中、病院での長期療養よりも自宅での療養を望む患者、病院での治療が必ずしも有効でない患者、病院でも治療不能なガン末期の患者など、病院での治療が適切とは思えない患者に向けて、自宅での療養を支援する取り組みが先駆的な医師らにより開始された。これが、現在の在宅医療の芽生えである。また、同時に寝たきり高齢者対策も社会問題化して時期と重なり、これが、居宅での医療や介護の機能を高めようとする政策的機運をさらに後押しすることとなった。このことから、在宅医療は、まさしく往診からではなく病院医療に端を発した新たな診療形態であることがわかる。

2　診療の場として法的裏付けを得た「在宅医療」

在宅医療における診療行為の一部が保険診療化へ

　しかし、医師らによる自発的活動より出発した在宅医療が、保険診療として認められ、法的裏付けを得るには、少し時間を要することとなった。在宅医療が、法的裏付けを得る前に、まず一部の診療行為が保険診療化された。1986（昭和61）年に、在宅自己注射指導管理料や自己腹膜還流指導管理料が在宅医療指導管理としてはじめて保険収載された（表4）。1990（平成2）年には、さらに在宅人工呼吸器指導管理料や在宅悪性腫瘍指導管理料が加わった。そして、1992（平成4年）には、医療を受ける者の「居宅」が、病院や診療所と並んで、診療の場として医療法上に定められ、在宅医療が正式に、法的裏付けを得ることができた[1]。

　その後、1997（平成9）年に地域医療支援病院制度が創設され、2000（平成12）年には介護保険制度が施行された。2002（平成14）年には、「在宅支援機能の強化（入院中心の医療からの転換）」の方針を打ち出された。2006（平成18）年の在宅療養支援診療所の創設、2008（平成20）年の在宅療養支援病院の創設、と在宅医療におけるサービスの機能強化のための支援体制の充実が図られていった。

1　医療法第一条の二2項に「……医療を受ける者の居宅等において、医療提供施設の機能に応じ効率的に提供……」と記載。

表4　保険診療における主な在宅医療

- 自己注射（小児低血糖、妊娠糖尿病）
- 自己腹膜かん流
- 酸素療法
- 中心静脈栄養
- 成分栄養経管栄養法
- 自己導尿
- 人工呼吸
- 悪性腫瘍等患者指導管理
- 寝たきり患者処置
- 自己疼痛指導管理
- 肺高血圧症患者指導管理
- 気管切開患者指導管理
- 難治性皮膚疾患処置
- 埋込型人工補助心臓
- 経腸投薬指導管理
- 腫瘍治療電場療法
- 経肛門的自己洗腸指導管理
  など

病院から在宅へと進む、医療サービスの構造転換

　2010（平成22）年に入ると、国は、介護保険法で理念を規定された「地域包括ケアシステムの構築」を提唱し、医療と介護の連携や住み慣れた地域や居宅での生活支援を目指すこととなった。2014（平成26）年には、「同システム」を明示した、「医療・介護総合確保推進法」を公布し、2015（平成27）年より、在宅医療連携拠点整備事業など順次施策を実施。また、2016（平成28）年には、厚生労働省は、医療機関として、在宅医療を専門とする診療所（在宅専門医療機関）の開設を認めることとした。2016年からは、厚生労働省は、地域での在宅医療の推進に向けての指導者養成のために、人材育成事業を開始している。

　2014年における在宅医療を受診した外来患者数は1日当たり約11.5万人（歯科を除く訪問診療のみ[2]）と推計されている。団塊の世代のすべてが後期高齢者となる2025年を見据えて、今後一層、病院医療中心から在宅医療中心へと、医療サービスの構造転換が図られていくことになろう（表5）。

2　往診は3.4万人。

表5　在宅医療のあゆみ

- ・〜１９６０年代ごろ　患者宅を訪問し診療する「往診」が一般化。
- ・１９７０年代　医療技術の進歩により施設医療が中心に。往診は減少。
- ・１９８０年代　病院志向が強まっていく。反面、在宅医療も芽生える。
- ・１９８６（昭和６１）年　在宅自己注射管理指導や自己腹膜灌流指導管理が在宅医療として、はじめて保険診療に認めれらた。
- ・１９８８（昭和６３）年　診療報酬点数表に、在宅患者診療・指導料の項目が設けられた。
- ・１９９０（平成２）年　在宅人工呼吸指導管理、在宅悪性腫瘍指導管理が保険診療に追加。
- ・１９９１（平成３）年　老人保険法の改正により、老人訪問看護制度創設。
- ・１９９２（平成４）年　居宅が診療の場として、医療法上に明記。在宅医療が法的に正式に位置付けられた。また、老人訪問看護事業所（訪問看護ステーション）による訪問看護スタート。
- ・１９９４（平成６）年　訪問看護がすべての年齢の在宅療養者に拡充。
- ・１９９７（平成９）年　地域医療支援病院制度創設。
- ・２０００（平成１２）年　介護保険制度の施行。在宅医療連携推進事業の施行。
- ・２００２（平成１４）年　厚生労働省が「医療供給体制の改革の基本的方向性」の中で、「在宅支援機能強化（入院中心の医療からの転換）」を打ち出す。
- ・２００６（平成１８）年　第５次医療法改正により、地域医療支援病院の果たすべき役割に、「在宅医療の支援」が追加された。同時に、在宅療養支援病院制度が創設された。
- ・２００８（平成２０）年　在宅療養支援病院制度が創設。
- ・２０１０年代　医療と介護の連携や住み慣れた地域や居宅での継続的な生活支援を目指す「地域医療包括ケアシステム」（介護保険法で理念規定）が提唱され、在宅医龍のさらなる推進・強化が図られる。
- ・２０１１（平成２３）〜２０１３（平成２５）年　在宅医療連携拠点事業の実施。
- ・２０１２（平成２４）年　厚生労働省は、在宅医療・介護推進プロジェクトチームを設置。
- ・２０１３（平成２５）〜２０１４（平成２６）年　厚生労働者は、多職種協働にによる在宅チーム医療を担う人材養成事業を実施。
- ・２０１４（平成２６）年　医療介護総合確保推進法（地域包括ケアシステムを明示）公布。
- ・２０１６（平成２８）〜２０１８（平成３０）年　在宅医療関連講師人材養成事業を実施。

医療法改正の歴史

医療法は、1948（昭和23）年に制定された医療の根幹をなす法律の1つで、医療機関や医療提供体制に関する規定を定めている。このため、人口や疾病の構造、社会経済状況の変化に対応し、一連の抜本的な見直しが複数回実施されてきている。これが医療法改正である。これまでに、1985（昭和60）年の第1次改正施行から2017（平成29）年の第7次改正施行までの約30年あまりの間に、7回の改正が行われた。2017年10月から第8次の改正が順次施行されている。

1　第1次〜第5次医療法改正

▌第1次医療法改正（1985年8月施行）

医療機能の体系的整備と無秩序な病院病床の増加を防ぐための都道府県による医療計画の策定、医療に対する国民の信頼を確保するための医療法人に対する指導監督規定の整備等が規定された。医療計画には医療圏と病院の必要病床数の設定およびその整備目標等を記載することなり、いわゆる医療圏における病床規制の考え方を医療計画に導入された。同時に、医療計画の見直しを5年ごとと定めた。

▌第2次医療法改正（1993年4月施行）

人口の高齢化、医療技術の進歩、疾病構造や患者の受診行動の変化等に対応した改正である。医療提供の理念を規定し、医療提供施設の機能に応じた体系化、医業等に関する広告規制の見直し等が行われた。医療施設の体系化では、厚生労働省の承認を要するが高度医療を担う施設として「特定機能病院」が、また長期入院（療養）患者にふさわしい病床群（施設単位ではなく病床単位で設定）として「療養型病床群」が規定された。また、「老人保健施設」が医療提供の理念の規定で法的な位置づけを得た。このほか、「運動療法施設」や「温泉療法施設」も医療提供機関として位置づけられた。また、定められた基準に適合した事業者に医療機関の特定業務を委託すること、医療広告に関しては、「病院、診療所又は助産所の管理者は、診療に従事する医師の氏名等の事項を、病院、診療所又は助産所の利用者に見やすいよう、その施設内に掲示すること」や「広告できる診療科名は、政令で定めるも

の」等が定められた。

第3次医療法改正（1998年4月施行）

　総合病院（複数の診療科を有する100床以上の病院）の制度が廃止された（のちに総合病院という呼称はなくなり、一般病院という呼称に変更）。かかりつけの医師・歯科医師等に対する支援として、紹介患者への医療提供、施設・設備の共同利用や開放化、救急医療の実施、地域の医療従事者の研修などを行う病院として、「地域医療支援病院」が新たに規定された。また、医療の提供に当たってのインフォームド・コンセント（患者に対する十分な説明と同意）の努力義務が規定され、「医療の担い手は、医療を提供するに当たり、適切な説明を行い、医療を受ける者の理解を得るよう努めなければならない」とされた。

第4次医療法改正（2001年3月施行）

　2000（平成12）年4月の介護保険制度導入に対応した医療提供体制の整備等に伴う法改正が目的である。精神病床、感染症病床、結核病床以外のその他の病床は、主として慢性期の患者が入院する療養環境に配慮した「療養病床」と、医師・看護師の配置を厚くした「一般病床」の2つに区分されることなった。また、患者の医療機関に関する情報提供ニーズの高まりから、医療機関に関する広告の規制緩和が盛り込まれた。広告できる事項に、カルテ開示（診療録その他の診療に関する諸記録に係る情報を提供することができる旨）、公益財団法人日本医療機能評価機構が行う医療機能評価の結果、医師の略歴・年齢・性別、共同利用できる医療機器、対応可能な言語（手話、点字含む）、予防接種・健康診査・保健指導・健康相談の実施、介護保険の実施に伴う事項（紹介可能な介護保険施設等）が追加された。また、医師には2年以上（2004〈平成16〉年4月施行）、歯科医師には1年以上（2006〈平成18〉年4月から施行）の臨床研修が必須化された。

第5次医療法改正（2007年4月施行）

　本改正は、良質な医療を提供する体制を確保するために、実施された。高齢化の進展に伴う医療需要の急増により、新たに顕在化してきた医療崩壊や医師不足などへの対応、医療事故や院内感染の予防など医療安全の強化に向けた施策が規定された。具体的には、①医療に関する選択に資する情報の提供の推進、②医療の安全を確保するための体制の整備、③医療計画制度の拡充・強化等による医療提供体制の確保の推進、④地域における医療従事者の確保の推進、⑤非営利性の強化等医療法人に関する制度の見直し、⑥行政処分を受けた医師等に対する再教育など医療従事者の資質向上に向けた措置等が講じられた。

2　第6次～第8次医療法改正

2013（平成25）年は地域医療計画の改定年に当たり、今後実施予定の医療法改正に基づき、各都道府県は医療計画（計画期間：2013年から2017〈平成29〉年）の第6次改定と第2期医療費適正化計画を策定した。

第6医療法改正（2014年度から2015年度に順次施行）

厚生労働省は、2013（平成25）年6月に、①病院・病床機能の分化・連携（病院・病床機能の分化・連携の推進、在宅医療の推進、特定機能病院の承認の更新制導入）、②人材の確保・チーム医療の推進、③医療事故の原因究明・再発防止、臨床研究の推進など、10項目を超える事項の改正案を社会保障審議会に提示し、大きな改正となった。改正案は、2014（平成26）年6月に成立し、公布された。これにより、少子高齢化社会に対応した、社会保障・税一体改革に基づく、医療体制の構築が図られることとなった。各改正事項は、2014年度から2015（平成27）年度にかけて、順次施行された。

第7次医療法改正（2017年4月施行）

本改正では、医療期間相互間の機能分担および業務の連携を推進し、地域医療構想を実現するために、①新法人組織である「地域医療連携推進法人制度」が導入された。また、財務諸表（公益法人会計基準等に準拠）に対する公認会計士による監査と公告を実施するなど、②医療法人の経営の透明性とガバナンスの強化が行われた。

第8次医療法改正（2017年10月から順次施行）

本改正により安全で適切な医療提供の推進が図られた。具体的には、①特定機能病院の承認要件に、医療安全管理責任者の配置など医療の高度の安全を確保することを追加、②虚偽広告の禁止、他の医療機関と比較し優良であることの広告の禁止、誇大広告の禁止など、医療に関する広告の規制の見直し、③持分の定めのない医療法人への移行に関する計画の認定を行うことができる期限の2020年9月までの延期が行われた。

データBOX 3　医療法の目的

医療法の総則第一条には、医療法の目的として、以下の事項を定めることによって、医療を受ける利益の保護、適切な医療を効率的に提供する体制の確保を図り、国民の健康の保持に寄与することとある。

①医療を受ける者による医療に関する適切な選択を支援するために必要な事項

②医療の安全を確保するために必要な事項

③病院、診療所及び助産所の開設及び管理に関し必要な事項

④並びにこれらの施設(上記施設)の整備並びに医療提供施設相互間の機能の分担及び業務の連携を推進するために必要な事項等

1985年8月　第1次改正医療法施行－地域医療計画に基づく病床数の総量規制の導入。

1993年4月　第2次改正医療法施行－特定機能病院や療養型病床群の制度化

1998年4月　第3次改正医療法施行－インフォームド・コンセントの義務化、地域医療支援病院の創設

2001年3月　第4次改正医療法施行－病床区分の見直し、卒後研修の必修化、医療情報提供の推進

2007年4月　第5次改正医療法施行－医師不足対策、4疾病5事業(がん、脳卒中、急性心筋梗塞、糖尿病、救急医療、災害時医療、へき地医療、周産期医療、小児医療)対策の重点化

2014年10月　第6次改正医療法－病院・病床機能の分化・連携(病床機能の自己申告制、地域医療ビジョンの策定)、人材確保・チーム医療の推進(医師や看護師の確保、勤務環境改善)、医療事故の原因究明・再発防止(医療事故調査の仕組みの整備)、臨床研究の推進(臨床研究中核病院の設置)

2016〜2017年

　　　　　　第7次改正医療法－2016年9月(第一段階)施行。医療法人制度の見直し(医療法人の経営の透明性の確保、ガバナンスの強化)／2017年4月(第二段階)施行。地域医療連携推進法人制度の創設

2017年公布、10月から順次実施

　　　　　　第8次改正医療法－特定医療法人の承認要件に、医療安全管理責任者の配置など医療の高度の安全確保を追加、虚偽広告、比較広告、および誇大広告の禁止といった医療に関する広告の見直し、持分の定めのない医療法人への移行に関する計画認定期間の延期(2020年9月末)まで。

厚生労働省資料より作成

⑨ 資金調達手法の多様化と消費税

1 医療法人の資金調達

医療は、株式会社が設立主体となることを認めていないため、医療法人や公益法人等の非営利法人でなければ運営できない。このため、病院の新築・増改築や改修などに向けた資金調達においては、長い間、資金借入(融資)が唯一の資金調達手法となっていた。また、貸付機関としては、市中銀行のほかに、医療や福祉といった専門的かつ公益性の強いサービスという性格から、独立行政法人福祉医療機構(旧特殊法人社会福祉・医療事業団)という医療機関や福祉施設向けの公的専門貸付機関が国により設置されている。

ところが、1990年ごろになると、医療費抑制政策下における診療報酬の引下げなど医療経営を取り巻く環境が厳しさを増し、赤字を計上する病院が増えてきたこともあり、審査が一層厳格化されるなど市中銀行からの借り入れが容易ではなくなってきた。その一方で、病院の中には勝ち残りを目指して、診療科の拡大、先進医療機器の導入、あるいは病棟の新増築といったややリスクが残るが革新的な経営計画の実行を企図する病院も登場してきた。このような病院の側からは、借入以外の新たな資金調達手法が求められてきた。また、金融機関の中には医療福祉の分野での新たな顧客や商機の開拓のために、医療分野での資金提供手法について開発検討していた。

2 医療や福祉における新たな資金調達手法

こうした状況から、医療福祉の領域においても、あらたな資金調達手法が開発されてきた。まず、1990年末ごろに登場してきたのが、診療報酬債権を早期に現金化する診療報酬債権の流動化という手法である。2000(平成12)年に入ると、病院の債券発行による資金調達が法制化され、社会医療法人制度の発足により同法人は社会医療法人債を発行できることとなった。また、公立病院や大学病院の建設資金として調達手法としては民間からの支援を得る方法論としてピー・エフ・アイ(PFI)が注目されるようなり、2005(平成17)年には医療分野におけるPFI第1号として高知医療センターが開院した。さらに、現在、不動産の証券化を応用した流動化手法であるリート(不動産投資信託、REIT)の医療福祉

分野への導入も認められている。国土交通省は「ヘルスケア施設供給促進のための不動産証券化手法の活用及び安定利用の確保に関する検討委員会」を発足させた。海外事例を参考に、日本でも同様なヘルスケアリートが設立できないかなどについて、4回にわたり検討会を開催し、2013（平成25）年3月に取りまとめを発表した。その後、2014年11月にヘルスケアリートとして、初めて、「日本ヘルスケア投資法人」が東京証券取引所に上場した。

3　消費税

　消費税の導入に関しては、自民党・竹下登政権下にあった1988（昭和63）年12月に消費税法が成立し、1989（昭和64）年4月に税率3％でスタートした。3％の消費税導入による国民の税負担増は3.3兆円であった。その後、1994（平成6）年11月に自社さ連立による村山富市政権下で税制改革法案が可決され、消費税5％（消費税率を3％から4％に引き上げ、加えて地方消費税1％を導入）に引き上げられることが決定し、橋本龍太郎政権下の1997（平成9）年4月から消費税は5％となった。このときの消費税率引き上げによる税負担増は7兆円とされている。その後、民主党野田政権下で、2012（平成24）年8月には、再び最終的には消費税率を10％に引き上げる社会保障・税一体改革関連法案が国会で可決された。消費税は2014（平成26）年には8％となった。2015（平成27）年10月からは消費税を10％に引き上げる予定であったが、2017年4月に延期され、さらに2019年10月からに、引き上げを再延期した。

　なお、消費税の5％から10％への2段階の引き上げに伴う税負担増は13.5兆円と推計されている。これらの消費税増税による税収入の使途は、年金や医療など社会保障費に充てることが方針として示されている。財務省によれば、2012年度予算における消費税収13.1兆円のうち国税（地方交付分は除く）分7.3兆円が、基礎年金、老人医療、介護の福祉予算（全体で15.1兆円）に充てられている（出所：www.nippon.com.消費税「導入」と「増税」の歴史より、財務省ホームページ）。

❿ 基準看護制度

1 戦後の看護体制の整備

　戦後の看護体制の整備は、連合国最高司令官総司令部（GHQ）[1]の間接統治のもとで始まった。戦後の混乱した社会経済や荒廃した社会インフラを鑑み、GHQは衛生環境の改善と国民の健康の向上に重点を置き、終戦の翌月の1945（昭和20）年9月には、日本政府に対して、「公衆衛生に関する覚書」を発し、保健医療体制の改革を命じた（『医薬分業の起源』）。GHQは、公衆衛生福祉局（PHWS）を設置し、クロフォード・F・サムス准将（軍医）を初代局長に任命した。看護分野の改革を担当した同局看護課の初代課長には、グレース・E・オルト少佐（看護師）が就任した。1947（昭和22）年7月には、保健婦助産婦看護婦（甲種・乙種）令が制定され、1948（昭和23）年7月には、同令は保健婦助産婦看護婦法に改称され、助産婦看護職員教育の基盤が築かれた。1947年には、公益社団法人日本看護協会の前身である日本産婆看護婦保健婦協会が設立された。

▌完全看護へ

　戦後初期の頃の入院は、病院に寝具や炊事用具を持参し、家族や親族が寝泊まりし、患者の身の回りや食事の世話を行うという状況であった。こういった現状を改善するために、厚生省は1950（昭和25）年に「看護は看護婦の手で（当時）」をスローガンに、完全看護制度を発足させた。これ以降、病院は治療に必要な入院患者の世話をすべて提供する「完全看護[2]」を目指すこととなった。同時に、完全看護を満たした場合には、社会保険の診療報酬の入院料に完全看護加算が算定できるというインセンティブが設けられた。

1　設置期間は、日米平和条約が締結され、日本の地位が回復した1952（昭和27）年までの約7年間。

2　完全看護とは「入院患者の世話をすべて病院側で行い、患者側の付添いがいらない看護体制（広辞苑）」、あるいは「病院または診療所において，その施設の看護婦自身またはその施設の看護補助者の協力を得て看護を行ない，患者が自ら看護にあたる者を雇い入れたり、もしくは家族等をして付添わせる必要がないと認められる程度の看護を行なうことをいう（高橋美智．GHQが推進した看護改革）」。また、日本看護協会の看護補助者の業務範囲とその教育等に関する報告書（1996〈平成8〉年9月）の「はじめに」の冒頭には、「昭和25年に、病院の看護は、看護婦自らまたは看護補助者の協力を得て行うという趣旨を持って「完全看護」制度が創設された」とある。

2　完全看護から基準看護へ

　完全看護は、発足8年後の1958（昭和33）年には、基準看護制度へと引き継がれることとなった。この制度は、看護要員の配置基準を定め、病院がこの基準を満たした場合には、社会保険の診療報酬で評価するという制度である。本制度では、初めて看護要員の3交代制勤務が基本と明記された[3]。当初は、4対1、つまり入院患者1人に対して、看護要員4人の配置（病院が雇用する看護要員数／入院患者数で算出。後述するが現在の配置基準の算定とは異なる）が基準であった。この配置基準には、年を経るごとに3対1（1972〈昭和47〉年特1類看護）、2.5対1（1974〈昭和49〉年特2類看護）、2対1（1988〈昭和63〉年特3類看護）と、より水準の高い配置基準が設けられていった。

　しかしながら、1994（平成6）年の新看護体制の導入に伴い、これまでの配置基準の算定では、実際に勤務している看護要員の数を表していないとの理由から、配置基準を実際にその時間に働いている看護要員数で表すように改められ、看護要員と看護補助要員を区別し両者の割合も診療報酬加算において考慮するようになった。したがって、2006（平成18）年度の診療報酬改定で導入された7対1入院基本料は、1958年当時の算定法では1.4対1入院基本料となる。また、当時は入院基本料ではなく、入院料加算として算定された。1958年の基準看護制度導入後も、完全には解消されていなかった家族等による付添看護も、1997（平成9）年には禁止されることとなった。ここに、完全看護制度の導入から約50年を経て、当時のスローガンである「看護は看護婦（師）で」という理念が実現した。

　平均在院日数の短縮等により手厚い看護が必要とされる急性期入院医療実態に対応して導入された7対1配置基準（一般病棟入院基本料）である。しかし、その配置基準を満たそうとする病院が、看護師の採用を活発化させた結果、病院同士で看護師の取り合いが発生し、知名度などで求人に有利な大病院では増員を果たせたが、逆に中小や地方の病院では退職者の発生や採用が思うように進まないことで、看護師不足に陥るといった看護師偏在を助長する弊害も生じた。2018（平成30）年度からは、現行7対1配置基準を適用する上で定められた重症度、医療・看護必要度に該当する入院患者の割合が25％から30％と厳格化され、同時にがん等の重篤な急性疾患に代わって肺炎や骨折などの患者の増加など地域の医療ニーズや施設の入院患者の状況や医療費の効率化を考慮して、従来の7対1と10対1配置基準の間に、重症度、医療・看護必要度や7対1から10対1に転換した場合の状況に応じた計7段階の急性期一般入院料を設けた。13対1と15対1の病床は地域一般入院料に一本化された。今後、最も高額な入院料1の7対1病床は減少し、10対1病床への転換増も予想される。しかし、訪問看護・介護や介護療養施設等の看護師ニーズは今後も増していくことが予想される。2014（平成26）年の医療介護総合確保推進法の成立により、2015（平成27）年10月に「看護師などの人材確保の促進に関する法律」の改正が施行され、看護職は離職時に氏名、住所や免許番号などを各都道府県に設けられた復職支

援機関の「ナースセンター」に届け出ることとなった。このように、現在も看護師の確保は経営上重要な事項の１つとなっている。

column③　入院付添

　付添看護は禁止されているが、入院時の付添については依然として論議がある。まず、入院患者の近親者が付添を望む場合がある。病院に基準看護を理由に付添を拒否され、面会時間終了後は、近親者といえども患者から離れざるを得ず悲しい思いをさせられるケースがある。高齢夫婦の場合では、どちらかが入院すると、一方は独居高齢者となる。付添を拒否してよいのだろうか。反対に、認知症などを有する入院患者等の場合、病院側から付添を要請され、家族が困惑するケースがあるという（認知症などの場合、特例として基準看護でも付添は可能）。この他、インターネット上では、交通事故による外傷の治療では、社会保険によらないため、入院付添費の請求が可能かといった内容のＱ＆Ａの掲載がよくみられる。医師の承認（基準看護のため医師は承認しないことが多い）、被害者の年齢や病状などによって、請求が可能か判断されるという。いずれにしても、入院時の付添については、必ずしも一律禁止では解決できないようなケースもあり、合法的かつ弾力的な対応が求められよう。

 医療の情報化と画像診断機器の発達

1　医療機関の情報化

1950年代（コンピュータの誕生）

　今では文字どおり、パーソナルユースとなり生活に欠くことのできない身近なものとなったコンピュータであるが、その開発は1950年代にさかのぼる。世界で初めて商用コンピュータが完成したのは、1951（昭和26）年のことである。その後、1954（昭和29）年に富士通が国産初の汎用コンピュータを完成させている。1958（昭和33）年には、IBMの量産型汎用コンピュータが日本に初上陸している。

1960年代（医事会計の電算化）

　1960年代に入ると、徐々にコンピュータは科学技術計算のみならず、省力化を目的とする事務処理システムとして利用が始まった。代表例は、国鉄のみどりの窓口で使われた乗車券予約システムである。医療分野では、まず医療事務部門に電算化の波が到来した。手作業で行っていた会計窓口での料金や診療報酬請求書の計算業務に、コンピュータによる医事会計システムが導入され、全国の病院へと普及していった。

1970年代（臨床検査部門等のシステム化）

　1970年代に入ると、コンピュータシステム化の動きは、医事会計に次いで臨床検査部門で活発化した。臨床検査の領域では、手作業に頼っていた血液や生化学検査といった検体検査を中心に、大型自動分析装置による機械化がすでに進行していた。大量の検体が短時間で分析されることから、データの処理にはコンピュータが利用されるようになり、分析機器自体のコンピュータ化も進んだ。同時に、医師から検査の指示、結果の出入力と医師への結果の伝達といったプロセスについてもコンピュータシステム化の波が及んだ。この結果、検査の指示から結果の印刷出力やディスプレー上の表示をカバーするオーダーエントリーシステムが開発・導入され、病院に電算室が設置されるようになった。こうした医療におけるコンピュータ化の波は、さらに数多くの医療機器を抱える放射線科や薬剤部門にも及んで行った。

1980年代（統合院内医療情報ネットワーク化）

医事会計システムと医療系オーダーエントリーシステムは統合化され、検査実施や投薬が会計処理に効率的に反映されるようになった。さらに、統合されたシステムには、徐々に、薬剤や治療に関する医療情報も付加され始め、病院内の統合医療情報システム（HIS・病院総合情報システム）へと発展を遂げていった。

1990年代（パソコンベースのシステムへ）

パーソナルコンピュータの急速な普及と、大型コンピュータによるメインフレームシステムから、パソコンベースの分散型システムへと変貌していった。同時に、HISには、カルテの内容等の診療情報や画像診断情報が取り込まれるようなり、さらに発展を遂げた。また、こうした発展には、超音波検査器、CT、MRIなど、情報化された最新の画像診断装置の普及が大きく貢献した。1999（平成11）年には、従来は紙ベースのみであったが、電子化されたファイルもカルテ（診療録）として認められることとなった。

2 デジタル医療の進展

2000年代（電子カルテの普及）

社会にインターネットが普及するなか、2001（平成13）年に、厚生労働省が保健医療情報システム検討会の最終提言として、医療における今後の情報化戦略をまとめた「保健医療分野の情報化にむけてのグランドデザイン」を公表し、内閣府のIT戦略本部は、医療分野のIT化の推進を掲げたe-Japan重点計画を発表した。2002（平成14）年には、医療情報の医療機関外での保存も可能となった。こういった政策もあり、電子カルテが医療ITのけん引役として象徴的な存在となり、日本医師会も自ら取り組むなど電子カルテシステムの開発が活発化し、医療機関に電子カルテが普及していった。また、インターネットの普及により、院内でデジタル画像診断情報を保存し、パソコン上で表示するPACS（パックス）システムや離れた医療機関の間でデジタル化された画像診断情報をやり取りする伝送システムの開発も進んだ。こういった伝送システムを応用して、遠隔地から送信された画像診断データを代行読影するアウトソーシング事業も医療ベンチャービジネスとして発展した。また、米国と同様に日本でも、画像診断のみを専門とする画像診断センターが首都圏中心に各所に開設された。2000年代後半には、個人が自分の健康や保健医療に関する情報を自ら管理するパーソナルヘルス・レコード（PHR）が登場し、グーグルやマイクロソフトなどのIT企業が医療IT分野に進出した。

2010年代（さらなるデジタル医療の展開）

　インターネットを基盤とするICT（情報コミュニケーション技術）の発達により、医療情報システムのネットワーク化が進んでいる。例えば、比較的広域で病診連携を基本として糖尿病患者の疾病管理を中心に発展してきた千葉県立東金病院の「わかしおネットワーク」等がその事例である。そして、現在は、こういったパソコンネットワークを基盤に構築された地域医療情報ネットワークが、コンピュータシステムのクラウドと携帯端末などのハードウェアの発達により、タブレット端末やスマートホンによるネットワークへと展開しつつある。

　また、医療における介護福祉との連携や地域を基盤とする地域包括ケアへの流れが、医療情報システムを、医療機関にとどまらず、介護福祉施設、薬局、居宅介護サービス事業所など多様な健康・医療福祉関連機関や関係する専門スタッフを巻き込んだ包括的な地域ネットワークシステムへと導く兆しも見えてきている。また、ゲノム情報等のビッグデータベースに基づく個別化医療へと変化を遂げようとしている動きも見られる。クラウド化、ビッグデータの利用や解析、携帯端末の進歩といった新たなIT技術の進展ともに、さらなるデジタル医療の発達が予想される。最近では、データ解析や画像データの解析に人工知能の応用研究も活発化している。

　2010（平成22）年度から2013（平成25）年度にかけて、内閣官房、総務省、厚生労働省、経済産業省等による「どこでもMY病院」構想により、個人が自ら医療・健康情報を医療機関等から受け取り、それを自らが電子的に管理・利用することを可能とする医療・健康情報システムの実証研究開発が行われた。

　2013年6月に閣議決定された「日本再興戦略」において、すべての健康保険組合にレセプト等のデータ分析とその結果に基づく加入者の健康増進計画「データヘルス計画」の実施を求めた。2015年（平成27年度）〜2017年（平成29年度）が第1期、2018年以降が第2期として、計画が実行に移されている。

　2014（平成26）年7月に閣議決定された健康医療戦略に基づき、政府は、医療、介護、健康分野のデジタル化に向けて、「次世代医療ICT基盤協議会」を組織した。

　2017年6月に政府が公表した未来投資戦略では、①「全国保健医療情報ネットワーク」の構築、②保険者や経営者によるデータを活用した個人の予防・健康づくりの強化、③遠隔医療・AI等のICTやゲノム情報などを活用した医療の整備が掲げられている。

　2018（平成30）年5月からは医療分野の研究開発に資するための匿名加工医療情報の取扱と事業者の認定等を定めた医療情報インフラ整備促進のための法律である「医療分野の研究開発に資するための匿名加工医療情報に関する法律（次世代医療基盤法）」が施行された。今後は、医療のデジタル化の具現化に一層注力されることとなろう。なお、遠隔診療については、2018年度の診療報酬改定で、初診から6カ月以上経過した、特定疾患、小

児科療養、てんかん、難病、糖尿病透析予防、認知症地域包括診療、生活習慣病管理、精神科在宅患者などを対象に、オンライン診療料がはじめて新設された。

column④　画像診断機器の進歩

　X線CTは、1968年に英国EMI社により、実用機が開発され、1972年に臨床応用がなされた（X線CTの開発者は1972年にノーベル賞受賞）。日本では、1971（昭和46）年に、EMI社と提携した東芝により初めて輸入された。1975（昭和50）年には、日立メディコ社により、国産1号機が藤田保健衛生大学に納入された。PETは、1960年代に研究開発が始まっているが、臨床利用は1990年後半ごろからで比較的最近のことである。なお、PET-CTは、ピッツバーグ大学とCTI社により世界で初めて研究用機器が開発され、2000（平成12）年にCTI社から発売し、GEは2001年に商用PET-CTを発売した。MRIは、1983（昭和58）年から1984（昭和59）年にかけて、日立製作所、島津製作所、東芝から日本で初めて発売された。また、撮影画像の送受信・保存・表示のシステムであるPACSは1984年に、日本で初めて大阪大学で実験が開始された。撮影画像の互換性を確保するための画像保存の標準規格であるDICOMの主要な規格は1993（平成5）年9月に完成し、これにより遠隔地間でも製造元が異なる画像診断機器同士でも、撮影画像のやり取りや保管・表示が、いつでも、どこでも、誰とでも可能となった。

　CTやMRIに代表される画像診断機器は、高解像化、省エネルギー化に加えて、撮影時間の短時間などによる運用時間の効率化にも目が向けられた研究開発が行われ、進化している。画像診断機器は、病院総合情報システムとネットワークを形成し、電子カルテ上での閲覧でき、医療者間での画像情報の共有も可能となっている。

　また、患者個人の個性に応じた撮像機能の強化、画像情報とゲノム情報の連携など、個別化医療や精密医療の潮流と呼応した研究開発も活発化している。人工知能機能の導入もはじまっている。このため、画像診断機器メーカーと、バイオ医薬企業や人工知能ベンチャーなど提携も行われているほか、次世代病院システムの開発を目的に、病院とも提携関係構築している。画像診断機器メーカーは、病院経営支援を含めた総合的なデジタル医療インフラの提供の企業へと変貌しつつある。

医薬分業と後発医薬品の利用促進

1　医薬分業の起源

　世界的にみると、医薬分業の起源はたいへん古く、1240年に欧州で始まったとされる。日本では、1871（明治4）年に日本政府がドイツ医学の導入を決定した時点が起源とされている（『医薬分業の起源』）。1874（明治7）年に、明治政府は、医療に関する法令である医制を公布し、薬剤師（当時は薬舗主）に調剤権を賦与した。1889（明治22）年には、法律で「薬剤師」の名称と職能が規定されたが、医薬分業よりむしろ、患者は医療機関から医師の処方した薬をもらうという形態が定着していった。こうしたことから、日本では、近代医学が導入された明治時代以降、患者が受診した病院や診療所から、服用する医薬品を受け取るという医薬未分業の時代が長い間続いた。

　戦後は、終戦から4年後の1949（昭和24）年に米国薬剤師協会の使節団が来日し、日本の薬事状況の視察後、日本政府に多くの改善勧告を行った。「医薬分業」も改善勧告項目の1つであった。勧告書では、「医薬分業の早期実現に関して可能な限り努力すること」とされた。これを契機に、「医薬分業」が注目されるところとなったが、早期実現を目指す薬剤師側と医薬分業に反対する医師側との意見対立が激しくなるなどして、「医薬分業」はうまく浸透していかなかった。加えて、1955（昭和30）年には医師の調剤権を認めた「医師法、歯科医師法及び薬事法の一部を改正する法律（医薬分業法）」が成立した。このため、戦後においても医薬分業はほとんど進まなかった。

2　医薬分業の推進

　医薬分業が転機を迎えたのは、1974（昭和49）年のことである。同年の診療報酬改定で、処方せん料の診療報酬点数が10点から50点に一気に引き上げられた。これを契機に、処方せん発行が増加し、徐々に医薬分業が普及していった。また、医薬品の医療機関への卸値と医療機関から患者への出値である薬価との間にかい離（薬価差益）があり、この薬価差益が医療機関の経営の資金の一部となっていることが指摘され始めた。特に、厚生省がこの薬価差益が「薬漬け医療」を助長させているのではないかと、医療機関と医薬品の提供を分離するために、政策として医薬分業を推進したことも普及に寄与した。

　今でこそ、医薬分業の促進に向けた政策が功を奏して、患者が病院や診療所で医師が発行した処方せんを持参して、薬局へ出向き、処方された医薬品を調剤してもらうという医薬分業が常識となってきている。これは比較的最近のことである。

　医薬分業が進んでいく過程では、特定の医療機関の近隣に開設し当該医療機関からの処方せんを受け付ける薬局（門前薬局）や，当該医療機関と関係のある親族が経営するなど、医療機関と不適切な結びつきを有する薬局（第二薬局）などの問題が指摘された。このため、薬局が処方せんを発行する医療機関と利益供与関係を持つことがないように行政指導が強化された。

　医師と薬剤師が単に投薬の役割分担するにとどまらず、複数の病院等から処方される薬の飲み合わせを薬局が確認することで、重複投薬や相互作用の発生を防ぎ、医薬品の適正使用に貢献することが医薬分業の本来の役割である。厚生労働省は、患者が複数の医療機関を受診した場合でも、1カ所のかかりつけ薬局から薬を受け取る「面分業」体制を推進している。このため、同省は面分業体制の推進を支援するため，医薬品の備蓄等を行う分業支援センターの整備や国民への啓発活動，分業計画を策定する医薬分業計画の策定事業等を展開している。

　一方で、薬価は近年、すべてマイナス改定である。薬価下げによる薬剤費の減少分を診療報酬のプラス改定に回すという状況がこのところ継続している。国内製薬企業は、大手を中心に海外進出を加速化させている。このため、欧米等海外製薬企業やバイオベンチャーの日本の製薬企業による買収が活発化している。また、製品の研究開発においても、一層の効率化を図るために、産学連携等といった手法により、大学の基礎研究力を医薬品の開発に結び付けようとする動きも目立ってきている。2013（平成25）年5月には、独立行政法人医薬基盤研究所に創薬支援戦略室を設置し、理化学研究所、産業技術研究所をはじめ各大学・研究機関や関係省庁等との連携により、オールジャパンでの創薬支援を目指す創薬支援ネットワークが立ち上がった。その後、同室は2015（平成27）年4月より国立研究開発法人日本医療研究開発機構に移管された。また、インターネット販売の波は、医薬品分野まで波及してきている。2013年1月、最高裁判所は、大衆薬のインターネット販売（ネット販売）を認める判断を下した。今後、大衆薬の販売の一部はネット販売にとって代わられる可能は高く、海外からの参入も予想される。極端な廉売が行われた場合には、国内小売市場が混乱する可能性もある。海外では、ネット上でにせ薬や粗悪製品が流通し、健康被害も生じている。ネット販売における消費者保護やコンプライアンス、医薬品の安全性の確保等には十分な策を構じる必要があろう。

3　後発医薬品の利用促進

　1993（平成5）年5月に厚生労働省が公表した「21世紀の医薬品のあり方に関する懇談

会最終報告」は、「ジェネリック医薬品は低価格の医薬品供給を通じて国民負担の軽減に資するだろう」と、ジェネリック医薬品（後発薬）の利用促進のメリットを初めて指摘した。2002（平成14）年4月の診療報酬改定では、後発薬を院外処方した場合や保険薬局で後発薬を調剤した場合にそれぞれ保険点数や調剤点数を加算するインセンティブを導入し、保険薬局で後発薬の情報を文書提供し、患者の同意を得て処方した場合には別に加算を認めることとした。同時に、厚生労働省は、全国の国立病院等に後発薬の積極使用の方針を出した。

　さらに、2005（平成17）年には改正薬事法の施行で、後発薬の啓発広告が出されたことなどから、医療関係者だけでなく国民の認知度も高まった。2006（平成18）年4月からは処方せん様式が変更され、医師が「後発医薬品への変更可」欄に署名や記名押印するだけで後発薬の調剤が可能になる仕組みも導入された。2008（平成20）年には、再度処方箋様式が変更され、後発薬の調剤の表記が「原則不可」を「原則可」にし、医師の後発薬処方選択をさらに容易にした。

　厚生労働省は、2013（平成25）年に、「後発品のさらなる使用促進のためのロードマップ」を策定した。さらに、2015（平成27）年には「2020年までに、後発品の使用割合を80％（2017〔平成29〕年9月の薬価調査時点では65.8％）とし、できる限り早期に達成できるように、さらなる促進策を講ずること」が閣議決定された。2018（平成30）年の診療報酬改定では、使用促進策として、入院料と外来処方料において、後発品使用体制加算を使用率が85％を超えている場合にはさらに引き上げ、すべての医薬品が一般名処方している場合には加算点数を倍に、調剤薬局において、後発品の使用率が20％を下回る場合には減点制度を導入した。

データBOX 4　医薬分業の利点

1）使用したい医薬品が手元になくても、患者に必要な医薬品を医師・歯科医師が自由に処方できること。

2）処方せんを患者に公布することにより、患者自身が服用している薬について知ることができること。

3）「かかりつけ薬局」において、薬歴管理を行うことにより、複数診療科受診による重複投薬、相互作用の有無の確認などができ、薬物療法の有効性・安全性が向上すること。

4）病院薬剤師の外来調剤業務が軽減することにより、本来病院薬剤師が行うべき入院患者に対する病棟活動が可能になること。

5）薬の効果、副作用、用法などについて薬剤師が、処方した医師・歯科医師と連携して、患者に説明（服薬指導）することにより、患者の薬に対する理解が深まり、調剤された薬を用法通り服用することが期待でき、薬物療法の有効性、安全性が向上すること。

出所：厚生労働省

column⑤ 高額薬剤の登場と費用対効果評価の導入

2000年代に入ると、分子標的薬と称するがんに対する効き目が優れた新型のバイオ医薬品が登場してきた。これらの医薬品は、一部の患者にとってはこれまでにないほどの高い治療効果を持つ反面、薬剤の価格が異様に高く、健康保険でいかにして高騰する薬剤費に対応すべきかが議論となっている。例えば、2014（平成26）年にメラノーマ治療薬として承認されたオプジーボは、2015（平成27）年に肺がんへの適用が認められたことにより、販売が急速に拡大した。高額な薬剤費による保険財政の圧迫が懸念されたことから、2016（平成28）年11月に、厚生労働省は2017（平成29）年2月から薬価（100mg瓶約73万円）の50％引き下げを緊急決定した。さらに、2018（平成30）年4月の薬価改定でさらなる引き下げを行った。

一方、薬価や医療機器の価格算定には、費用対効果評価の導入が検討されている。当初は、2017年に導入の計画であったが、1年間延期された。現在、13品目（うち医薬品6品目）について、試行評価が実施中で、オプジーボを含む3品目について2018年4月に価格調整が行われ、本格的導入について2018年中に結論を出す予定となっている。新薬の薬価評価については、製薬企業の革新的製品を生み出すインセンティブとして、新薬創出等加算が行われている。「国民皆保険の維持」と「医療産業のイノベーションの推進」の両立は、効き目の優れた高額薬剤の登場で、悩ましい課題となっている。なお、政府は、2016年に「薬価制度の抜本的改革に向けた基本方針」を公表し、2017年に中央社会保障医療協議会で、「薬価制度の抜本改革骨子」をとりまとめている。

13 健康診断のあゆみ

　健康診断[1]には法律で実施を定められた法的健康診断（集団健康診断）と任意で実施する健康診断がある。いずれも、早期発見による、発症あるいは重症化抑制（予防）、病気初期での早期回復といった効果が期待され、医療費の抑制につながるとの見解もある。

1　法定健康診断（集団健康診断）

■ 結核予防法

　日本で結核が蔓延し国民病となっていた1939（昭和14）年に、結核の制圧を目的とする財団法人結核予防会が創設された。1940（昭和15）年には、同会はわが国で初となるX線間接撮影装置を搭載した健診車両を設計し、健診車が地域や職場に出向く巡回型の結核健診を全国に広めた。その後、1951（昭和26）年には、1923（大正12）年に公布された旧法に代わって結核予防法が新たに制定され、結核の発見と予防を目的とする健診の全国展開により、日本における集団健康診断の普及に向けた基盤が構築された。なお、結核予防法は2007（平成19）年に廃止され、「感染症の予防及び感染症の患者に対する医療に関する法律」（「感染症法」）に統合された。

■ 労働者の定期健康診断

　事業者は、労働者（被用者）に対して雇い入れの際および定期（1年以内ごとに1回）に健康診断を実施することが義務づけられている[2]。この労働者に対する健康診断（健診）の実施は、1911（明治44）年に制定された工場法に、すでに定められている。当初の健診実施の目的は、当時流行していた結核の予防と早期治療が目的であった。戦後は、1947（昭和22）年に施行された労働基準法によって規定されたが、高度経済成長時代に対応した労働安全衛生体制の充実と強化を目的に、1972（昭和47）年に施行された労働安全衛生法に引き継がれた。その後、労働者の健康管理に対する改善と強化に向けた幾多の一部改正を経

1　「健診」と「検診」ということばが時々混同されることがあるが、健康であるか否かを調べることが「健診」で、特定の疾病の発見を目指すものが「検診」とされている。人間ドックは健診で、がん検診などは検診に該当する。
2　このほか、特定業務従事者や海外派遣労働者に対して健康診断の実施が定められている。

て、現在は、労働安全衛生規則にその詳細が規定されている。

学童・学生の定期健康診断

学校では、毎学年定期に、児童生徒等(通信による教育を受ける学生を除く)の健康診断を行わなければならないと学校保健法で定められている。学生・学童の健康診断は、身体検査(当時活力検査)に始まる。1878(明治11)年に開設された神田の体操伝習所に招かれたアメリカ人医師リーランド・G. は健康増進を目的とした体操を学校教育に導入し、この体操による効果を判定する目的で活力検査が行われた。その当時の項目は、体長、体重、臀囲、胸囲、力量、握力、肺量などであった。その後、1888(明治21)年には、文部省直轄学校の活力検査の統計的結果分析がなされるようになった。これが今日の学校定期健康診断の前身である。1897(明治30)年には、学生生徒身体検査規定により文部省直轄学校において健康診断項目が導入された(公立学校は1900〈明治33〉年)。

戦後、学校教育法第12条における「学校においては、別に法律で定めるところにより、学生、生徒、児童及び幼児並びに職員の健康の保持増進を図るため、健康診断を行い、その他その保健に必要な措置を講じなければならない」を受け、1958(昭和33)年に学校保健法が制定された。なお、学校保健法は2009(平成21)年に学校安全保健法に改組され、現在は、健康診断は第三節(十一条から十八条)に規定されている。

乳幼児健康診査

1923(大正12)年に2歳未満の乳幼児に健康診断を受けさせるための工夫として、大阪児童愛護連盟が実施した「赤んぼう審査会」が乳児健康診査の前身とされている。その後、この運動は全国へと展開した。1937(昭和12)年には全国統一組織である日本児童愛護連盟が創設され、1938(昭和13)年には、「乳幼児審査会」として全国で開催されるようになった。戦後は、母子保健法の制定に基づき、1965(昭和40)年に施行された乳幼児健診が法制化された。事業主体は市町村で、乳児、1歳6カ月児と3歳児については、保健所等で実施されている。

特定健康診査および特定保健指導

生活習慣病の予防に向けて、保険者に義務づけられ、実施している制度である。2005(平成17)年12月に政府・与党(自由民主党と公明党)で取りまとめられた「医療制度改革大綱」に基づいた法律改正により、健康保険法の枠組みのなかで制度化された。2008(平成20)年4月から、医療保険者(国民健康保険、組合管掌健康保険、政府管掌健康保険、船員保険、共済組合)に、40〜74歳の被保険者・被扶養者を対象とした健康診査(特定健康診査)と保健指導(特定保健指導)の実施が義務づけられ実施されている。

2018(平成30)年から特定健康診査において、血清クレアチン追加、心電図と眼底検査

の実施基準の見直しなど詳細診査、実施率の公表と保険者インセンティブの見直し、糖尿病重症化予防と実施率の低い保健指導実施体制の強化が図られた。

2　任意検診

人間ドック

人間ドックの健診サービスは、1954(昭和29)年に、国立東京第一病院(現国立国際医療研究センター、東京都新宿区)と聖路加国際病院(東京都中央区)で開始され、次いで昭和医科大学病院(現昭和大学病院、東京都品川区)、東京女子医科大学病院(東京都新宿区)でも実施されたのが、日本の人間ドック誕生の経緯である。人間ドックは、当初「短期入院精密身体検査」と称されたが、読売新聞が本検査のサービス開始を報じた記事で、これを「人間ドック」と称したのが、名称の由来である。1959(昭和34)年には聖路加国際病院で、1964(昭和39)年には米国のカイザー病院で、現在のようなコンピュータ等による自動化総合健診のモデルが構築され、日本では1970(昭和45)年に初めて、東芝病院総合健診センター(東京都品川区)に導入された。

がん検診

1960(昭和35)年ごろ、東北大学の黒川利雄教授らが中心となり、胃がん検診のX線装置を載せた車を開発して、宮城県で巡回検診を開始した。これが、がん検診の発祥とされ、これには、医師が出向いて早期にがんを発見しようという臨床医側からの発想がもとになったとされている。1966(昭和41)年には胃がん検診、1967(昭和42)年には子宮がん検診がまず国庫補助の対象となった。1983(昭和58)年の老人保健法の施行により、がん検診は、市町村を実施主体とする検診事業となった。1987(昭和62)年には肺がん検診、乳がん検診が、1992(平成4)年には大腸がん検診が導入された。現在は、健康増進法の第19条の2に基づく健康増進事業として、市区町村が独自の判断で検診事業を行っている。なお、厚生労働省で、「がん予防重点健康教育及びがん検診実施のための指針」を定め、同指針に基づく検診を推進している。

3　自費健診

健診技術も他の医療技術と同様に、常に進歩している。したがって、最新の健診技術が健康保険、国や地方自治体からの補助金給付の対象となるには、時間を要したりと、健診の公衆衛生面からの意義や技術の普及度などから給付対象とすべてが給付対象となるわけではない。

女性の乳がん検診では、2002年に米国予防サービス委員会が40歳以上でのマンモグラフィー実施を勧告し、以降実施が推奨されてきた[3]。厚生労働省はがん検診推進事業の1つとして40歳以上の女性に対する乳がん検診の内容を問診、触診とマンモグラフィーとして無料で受診できるがん検診クーポンを発行している。これを受け、実施主体である自治体では40～60歳[4]の女性を対象にマンモグラフィーを含む乳がん検診を実施している。それ以外の年齢では触診のみで、マンモグラフィーは自己負担となる。さらに最新技術であるトモシンセシス（多くの画像を重ねあわせ立体化することで組織の異常をより判別しやすくする技術）は現在のところ検査料は全額自己負担である。子宮がん検診についても、自治体検診の対象の多くは、細胞診による子宮頸がんの検診で、子宮頸がんウイルスの検査や超音波による子宮体がんの検査は自己負担による検診となっている。

　一方では、技術の進歩に伴って、自費ではあるが、腫瘍や疾病の新マーカーや最新の先端検査機器による検査など健診項目の種類は拡大している。将来の病気の発症リスクを遺伝子解析により診断する遺伝子診断（ゲノム診断）、アンチエイジング健診、肥満体質の検診をはじめ、現在、民間検診ビジネスとして成立しているものも少なくない。遺伝子診断は、遺伝子解析技術や機器の進歩で、より安価で短時間に結果が得られるように年々進歩している。近い将来には、1万円足らずで自分のすべての遺伝子を解析できるようになるとさえいわれている。また、技術のみでなく、事業モデルも進歩し、革新的なサービスモデルが登場している。医療機関に出向かなくてもキットを購入しサンプルを郵送するのみで健診結果がわかる郵送健診や1項目500円で項目を自由に自分で選んで健診が行えるワンコイン健診等、新しい形態のサービスモデルが登場し、健診の世界においてもベンチャー企業が参入してきている。

　また、胎児の先天異常に係る出生前診断においても、技術革新があった。2011（平成23）年に米国のシーケノム社が、胎児にリスクのある羊水検査による従来型の診断手法に代わって、母親の血液中の胎児細胞の遺伝子を検査することでの染色体異常等を検出することができる新型出生前診断法を開発した。日本産婦人科学会は、ガイドラインを作成し、日本では2013（平成25）年4月臨床研究として日本産科婦人科学会が認定する実施医療機関に絞って開始された。35歳以上の妊婦に限って実施し、2017（平成29）年9月までに、約5万1,000人に実施した。同学会は、臨床研究開始後5年が経過した2018（平成30）年3月に、臨床研究を終了し、一般診療として実施する方針であることが、新聞等で報じられた。この新型の出世前診断にはおおよそ20万円前後の高額な検査料を自己負担しなければならないこと、実施にあたっては十分なカウンセリングが必要なこと、胎児に異常が発見された場合には出産の可否をどのように判断するのかといった点などに医療倫理やガ

3　2009（平成21）年11月16日、米国政府の予防医学作業部会が、不必要な生検（身体組織の一部を採取し、がんであるか否か等を確認すること）や治療につながる可能性が高いことを理由に、「40歳代の女性に対して、マンモグラフィーを用いた定期的な乳がん検診を行うことを推奨しない」という勧告を発表した。しかしながら、厚生労働省では、現時点においては、日本におけるマンモグラフィーを用いた定期的な乳がん検診の対象年齢を変える必要はないと判断をしている。
4　40歳、45歳、50歳、55歳、60歳と5年ごとの実施としている。

バナンス面での課題解決も求められている。

　最近では、遺伝子解析技術の進歩により、大学病院や大病院にはがんや遺伝性疾患など
を対象にゲノム診療部門を開設しているところがある。診療内容は、カウンセリング、個
別化予防を目的とするゲノム検査、がん組織の遺伝特性に注目したバイオ医薬品や免疫療
法などといった個別化治療である。ただし、診療費は、まだその多くが自己負担である。

　いまや、最新鋭の画像診断機器を健診用に装備している施設も少なくない。東京大学や
京都大学の附属病院には併設施設として健診企業による最新機器と豪華な施設を備えた会
員制人間ドックが登場している。健診技術の進歩や多様化により、費用さえ負担すれば、
受けられる健診項目は増している。しかしながら、予防に役立つ、あるいは早期発見が治
療に有効な健診項目は国民が等しく受けられなければ、経済力による健康格差が増大して
いくことが危惧される。社会保障の一部としての健診のあり方についても議論が必要と
なってきている。

---

column⑥　がん検診と成人病検診

　日本医師会のホームページによると、がん検診には、市町村や職域で実施される対
策型検診と、人間ドックなどに代表される個人が自主的に受ける任意型検診がある。
現在、日本の対策型検診としては、肺がんの胸部X線検査および喀痰細胞診、胃がん
のX線検査、大腸がんの便潜血検査、乳がんの視触診とマンモグラフィ、子宮がんの
視診と細胞診および内診が推奨されているが、地域によっては一部を実施していない
ところもある。一方、任意型検診としては各種の腫瘍マーカーやCT、MRI、PET、
腹部エコー等、また胃や大腸の内視鏡検査等が行われている。がん検診は一般財源化
されていることから、市町村独自の取り組みが展開されている。

成人病検診：1950年代半ばごろから、脳卒中、がん、心臓病が40歳から60歳まで
の働き盛りの人々に多い疾病として、注目され始めた。自治体等による成人病検査セ
ンターの設置など、これらの疾病の発見や予防に向けた検診への取り組みも活発化し
ていった。1990（平成２）年ごろになると、成人病に対する研究も進み、成人病とい
う呼称から、生活習慣の改善で予防可能な疾病という意味を込めて、生活習慣病とい
う用語が用いられるようなった。

 予防接種のあゆみ

1948(昭和23)年の予防接種法の制定により、戦後の予防接種体制ができ上がった。当時の予防接種は義務で、痘瘡、ジフテリア、腸チフス、パラチフス、発疹チフス、コレラ、百日咳、結核、ペスト、猩紅熱、インフルエンザ、ワイル病の12疾患が対象疾患とされた。その後、1951(昭和26)年の結核予防法や1958(昭和33)年の学校保健法の制定により、予防接種体制がさらに整備されていく。この間、1954(昭和29)年には日本脳炎ワクチンが勧奨接種となった。

1960(昭和35)年ごろになると、ポリオが大流行し、1961(昭和36)年にポリオ生ワクチンが緊急輸入され、1964(昭和39)年にポリオ生ワクチンが、1968(昭和43)年には、3種混合ワクチン(百日咳、ジフテリア、破傷風)であるDPTワクチンが定期接種となった。しかし、このDPTワクチンは、重篤な副反応の発生が問題となり、1975(昭和50)年に接種中止となった(1981〈昭和56〉年に改良DPTワクチンで再開)。また、1970(昭和45)年には、種痘による健康被害である種痘禍が問題化し、種痘における事故に対する責任を国に求める動きとなった。また予防接種による健康被害が社会問題化したことで、その後の日本における予防接種率は低下してしまった。

1976(昭和51)年には予防接種法が大改正された。種痘、ポリオ、百日咳、ジフテリア、麻疹(1978〈昭和53〉年追加)、風疹(1977〈昭和52〉年追加)は定期接種となり、インフルエンザ、日本脳炎、ワイル病、コレラ(緊急時)は臨時接種となった。種痘の定期接種は中止された(種痘は1980年にWHOが根絶宣言)。また、ワクチンの副反応による健康被害に対しては、予防接種健康被害救済制度も設けられた。

1989(平成元)年から導入され、生後12〜72カ月児への麻疹定期接種において、選択可能であったMMRワクチン(麻疹、おたふくかぜ、風疹)は、無菌性髄膜炎の多発により、1993(平成5)年に中止となった。

1992(平成4)年〜1994(平成6)年にかけては、予防接種による健康被害に対する国の責任を問う複数の集団訴訟が、いずれも和解ないし国の責任を認める形で結審した。これを受け、1994年には義務接種(接種を拒否すると罰則のある集団接種)が勧奨接種(努力義務：被接種者が医療機関を受診しての個別接種)に改正され、国の予防接種政策が大きく

転換した。この結果、百日咳、ジフテリア、破傷風、ポリオ、麻疹、風疹、日本脳炎の7疾患が定期接種となり、インフルエンザは任意の予防接種となった。風疹は、1977年から女子中学生を対象に定期接種とされたが、女子のみでは社会的流行を防ぎ得ないとの考えから、1995（平成7）年からは生後12カ月から90カ月未満の年齢の男女と中学生男女（2003〈平成15〉年までの経過措置）が接種の対象となった[1]。

　1999（平成11）年には、伝染病予防法、性病予防法、AIDS予防法が廃止され、「感染症の予防及び感染症の患者に対する医療に関する法律（感染症新法）」が施行された。

2　2000年以降……法律改正と新規ワクチンの導入

　2001（平成13）年に行われた予防接種法の改正で、対象疾患として、一類疾病が「その発生および蔓延を予防する事を目的として、法律の定める所により予防接種を行う疾病」で、二類疾病が「個人の発病またはその重症化を防止し、併せてこれによりその蔓延の予防に資する事を目的として、法律の定める所により予防接種を行う疾病」とに分類されることになった[2]。

2002（平成14）年には、結核予防法の改正で、小学1年生と中学1年生におけるツベルクリン反応検査とBCGの再接種が廃止となった。2006（平成18）年からは、風疹の定期接種は、従来の生後12カ月から90カ月未満の幼児に対する1回接種から、1歳児と小学校入学前1年間の幼児を対象とする麻疹風疹ワクチン（MRワクチン）の2回接種に改められた。さらに、2008（平成20）年からは、2007（平成19）年の10〜20歳代における麻疹の流行を受けて、現在の中学1年生と高校3年相当年齢の者に2回目のMRワクチンの接種を公費助成により実施することとなった（経過措置で2013〈平成25〉年3月末まで）。現在、22歳以下の男女は麻疹・風疹ワクチンの接種者となっている。

　2010（平成22）年からは子宮頸がんワクチンが、2011（平成23）年からはヒブワクチン（ヘモフィルスインフルエンザ菌bワクチン）と小児用肺炎菌ワクチンの公費助成が始まった。2012（平成24）年には、ポリオの予防接種に、不活化ポリオワクチンが導入された。現在、流行性耳下腺炎、ロタウイルス、黄熱、破傷風トキソイド、成人用ジフテリアトキソイド、A型肝炎、狂犬病、髄膜炎菌などは、定期接種の対象外ではあるが、医療機関で接種してもらうことができる。

　近年、ワクチンの開発は急速に進展している。新たな脅威である新興感染症に対する予防用ワクチンのほか、治療用ワクチンの研究開発が活発化している。最近では感染症のみならず、がんや糖尿病など非感染症を対象にしたワクチンの研究開発も始まっている（表6）。

1　麻疹は成人が発症すると小児にくらべ重篤になる場合があり、妊婦が感染すると胎児に重い障害が生じるおそれがある。
2　一類疾病はジフテリア、百日咳、急性灰白髄炎（ポリオ）、風疹、日本脳炎、破傷風、結核。二類疾病はインフルエンザ。

表6　日本で接種可能なワクチンの種類

	生ワクチン	不活化ワクチン・トキソイド
定期接種	BCG、麻疹・風疹混合 (MR)、麻疹（はしか）、風疹、水痘	B型肝炎、ヒトパピローマウイルス(HPV): 2価、4価、インフルエンザ、肺炎球菌（23価多糖類）
任意接種	流行性耳下腺炎（おたふくかぜ）、ロタウイルス：1価、5価、黄熱	破傷風トキソイド、成人用ジフテリアトキソイド、A型肝炎、狂犬病、髄膜炎菌：4価
	定期接種を対象年齢以外で受ける場合	

column⑦　予防接種健康被害者救済制度

　1976（昭和51）年に、国がワクチン接種に伴う健康被害を救済するために創設した制度（1994年の法改正により拡充）である。ワクチン接種後、副反応が起きることがあると知られている。副反応には、発熱や接種部位の発赤やはれ、きわめてまれであるが、脳炎や神経障害など重篤な症状が起きる場合もある（ワクチン接種が直接の原因ではない場合もある）。万一、予防接種法に基づく定期の予防接種による健康被害が発生した場合、ワクチン接種と健康被害の因果関係に係る審査を経て、医療費、障害児養育あるいは障害年金、死亡時の葬祭料および一時金などの救済給付が行われる。救済給付の求めは、本人およびその保護者が市町村へ申請する。

　病院、診療所、または医師は、「定期の予防接種等による副反応の疑い報告制度（予防接種法）」や「副作用報告制度（医薬品医療機器等法）」により、厚生労働省に副反応や副作用等を報告することとなっている（独立行政法人医薬品医療機器総合機構(PMDA)により一元管理）。

出所：厚生労働省

3　グローバル化と新興感染症

　1990年代以降、エイズ、エボラ出血熱、SARS、鳥インフルエンザに代表される新型インフルエンザなどかつては知られていなかった新興感染症、結核、マラリア、黄色ブドウ球菌などの既存病原体の薬剤耐性種による再興感染症、日和見感染による院内感染発生、ロタウイルスやノロウイルスといったこれまであまり知られていなかったウイルスによる食中毒の流行など、人類に対する感染症のリスクが再び高まっている。抗生剤の発達や国や国際機関等による公衆衛生施策の推進等により、いったんは制御できたように見えた感染症であるが、このところ、世界中で感染症に関する話題がニュースに取り上げられる機

会が増えている。2013（平成25）年には鳥インフルエンザ（H 7 N 9 ）が指定感染症に、2015（平成27）年には鳥インフルエンザ（H 7 N 9 ）と中東呼吸症候群（MERS）を二類感染症に、2016（平成28）年にはジカウイルス感染症を四類感染症に指定した。2014（平成26）年には、国内でデング熱患者が発生した。2016年には、男性と20歳代女性を中心に増加が見られる梅毒患者が4,000例を超え、2018（平成30）年4月には、外国人旅行者からの二次感染したと見られる麻疹患者（日本の麻疹は「排除」状態）の発生と拡大が報告されている。新興感染症との流行とともに、かつて我が国で流行していた感染症の再燃のリスクも高まっている。それらの感染症による脅威の高まりの背景には、未開発地域への人間活動の進出による未知の病原体と人類の遭遇、森林伐採等の自然破壊、人や物の移動の世界規模での高速化、温暖化等地球環境の変化などが挙げられている。

　人類あるいは現在の人々が経験したことのない新興感染症の場合は、人々が病原体に対する免疫力を持たないことから、短期に爆発的流行（パンデミック）に発展するリスクが高く、特に脅威である。加えて、現代の社会経済活動は、航空機等の発達によりグローバル化し、多くの人々が短時間で国際間の移動をしている。したがって、新興感染症の流行が世界各地に短期間で伝播しうる状況となっている。

　こうした状況を鑑みると、予防接種政策においても国際規模での協力・連携体制が不可欠なものとなっている。あらたな感染症に対する脅威に対応したワクチン開発が重要なことはいうまでもないが、感染伝播の速度が速いことを考慮すると、予防ワクチンのみならず、治療用ワクチン開発の必要性も高まっていこう。

データBOX 5　最近の感染症対策のあゆみ

2012年　新型インフルエンザ等対策特別措置法成立
2013年　鳥インフルエンザを指定感染症に指定
2014年　デング熱患者が国内で発生
　　　　風疹に関する特定感染症予防指針の策定
2015年　鳥インフルエンザ(H7N9)と中東呼吸症候群(MERS)を 2 類感染症に指定
　　　　WHOが日本の麻疹について、土着株が存在しない「排除」状態にあると認定
2016年　ジカウイルス感染症を 4 類感染症に指定
2018年　外国人観光客からの感染により麻しん患者が発生（2013年WHOが国内根絶宣言）。

⑮ 先進医療と再生医療

1 先進医療

　先端的な診療手法や、新しい医薬品や医療用具等による医療技術を示す用語として、先進医療のほか、高度医療、高度先進医療、先端医療など用語が一般に混在して用いられているが、現在、厚生労働省は、総称して「先進医療」という表現を用いている。

特定療養費制度と先進医療

　医学・医療の進歩には目覚ましいものがあり、絶え間なく新たな診療手法や技術が登場し、診療現場は常に進歩している。近年、医薬品や医療機器をはじめとする医療技術の進歩のスピードが早くなり、社会経済のグローバル化の影響により海外からも先進的な診療技術が日本へ直ちに伝わるようになってきた。このため、保険医療の給付の対象となっていない先端的な医療が増えていった。こういった先進医療を患者が希望する場合は、高額となる医療費を全額自費負担で実施せざるを得なかった。しかし、こういった状況では、患者の経済的負担が大きいことや、保険外であるため有効性や安全性などについて何ら法的な管理や評価のないまま患者に提供されることによるリスクへの懸念等が生じる。したがって、1984(昭和59)年の健康保険法の改正により導入された「特定療養費制度」の中で、厚生労働省が認めるがんの先端的な治療をはじめとする「高度先進医療」については、一般診療に該当する部分のみを健康保険給付の対象とした。

保険外併用療養費制度と先進医療

　その後、特定療養費制度は、2006(平成18)年の健康保険法の改正により廃止され、保険外併用療養費制度に引き継がれることとなった。通常の診療部分が保険適用される健康保険適用外の新しい医療の範囲が拡大された。同時に、「高度先進医療」は、一般的な医療水準を超えた最新の医療技術を称する「先進医療」に統合された。「先進医療」は、今後保険適用とするか否かの評価を行っていく「評価療養」として扱われることとなった。評価療養には医薬品や医療機器の治験、未承認や適応外の医薬品・医療機器の利用も含まれている。2008(平成20)年には、未承認や適応外の医薬品・医療機器の利用は先進医療の中の「高度医療」という扱いとなった。2012(平成24)年10月には、高度医療という扱いはなくなり、

先進医療は有効性がある程度は明らかな先進医療Ａと有効性が必ずしも十分に明らかでない先進医療Ｂの２つの区分に改められた。高度医療の多くは、先進医療Ｂという扱いとなった。

2018（平成30）年４月時点で、厚生労働省により、先進医療Ａには28種、先進医療Ｂには63種が指定されている。各先進医療の概要と実施している医療機関が厚生労働省のホームページに公開されている。

▌患者申出療養制度

未承認薬等を迅速に保険外療養として利用したいという患者ニーズに応じるために、2016（平成28）年４月よりスタートとした制度である。将来の保険適用につなげるための科学的根拠やデータの収集も目的にある。保険診療部分を除き、患者申出療養分は全額自己負担となる。患者申出療養として、初めて当該療養を実施する場合には、実施計画を策定し、国で審査を行う。実施計画の策定、実施報告は、臨床研究中核病院が担うこととなった。

2　再生医療

再生医療とは、病気やけがで正常な機能が保てなくなった組織や臓器を再生させ、失った機能を回復させる医療である。再生医療において用いられる組織や臓器の基となる細胞としては、山中伸弥・京都大学iPS細胞研究所教授が発見したiPS細胞（人工多能性細胞）が有名であるが、このほかに受精卵由来のES細胞（胚性細胞）、皮膚細胞などの体性幹細胞、造血細胞由来等の体性幹細胞以外の体細胞がある。再生医療が適用される由来としては、外傷・火傷や骨折などのほか、パーキンソン病、虚血性心疾患、心不全、慢性閉塞性動脈硬化症、糖尿病、変形性関節症、歯周病など多様である。現在、日本では、自家培養皮膚、自家培養軟骨、自家心筋シートなど４種類の製品が厚生労働省の承認を得て、製品化されている。

2013年３月に国会は、再生医療の実用化を促進するための議員立法である「再生医療推進法」を可決し、成立させた。2014（平成26）年11月には「再生医療の安全性の確保等に関する法律（再生医療等安全性確保法）」などが施行された。再生医療は、日本経済の成長戦略の重要な分野にも数えられ、再生医療周辺産業も含め、国際競争力強化に向けた産業振興に資する成果の早期達成に患者のみならず政府や国民の期待が寄せられている。再生医療の研究は、1970年代ごろから表皮や軟骨での分化培養から始まり、40年ほどの歴史しかない新領域の医学分野である。iPS細胞の発見で山中教授がノーベル医学・生理学賞を受賞したことで、日本の再生医療における技術水準の高さが国際的に注目されている。日本は、iPS細胞による再生医療の実現や創薬への応用に重点をおいて、日本医療研究開

発機構を通じて、再生医療実用化研究事業、再生医療臨床研究促進基盤整備事業、再生医療実現拠点ネットワークプログラム、再生医療の産業化に向けた評価基盤技術開発事業（創薬支援基盤技術、細胞製造・加工システムの開発、評価手法等の開発の3事業）、iPS細胞等臨床研究推進モデル事業といった、臨床研究を含めた研究開発の政策的支援を数多く行なっている。

2013（平成25）年には、理化学研究所と先端医療振興財団などの共同研究グループは、滲出型加齢黄斑変性に対する自己iPS細胞由来網膜色素上皮シート移植の臨床研究を実施し、同移植治療が安全に施行できることを支持する結果を得たと発表した（iPS細胞を用いた臨床研究としては世界初）。また、2017（平成29）年には、神戸市立医療センター中央市民病院にて、世界初の他家iPS細胞による滲出型加齢黄斑変性に対する治療が実施されたが、有害事象が発生した。加えて、2018（平成30）年5月には、厚生労働省再生医療等評価部会において、大阪大学の澤芳樹教授らの研究グループによるiPS細胞から作成した心筋シートを用いた重症虚血性心筋症に対する臨床研究の開始が条件付きで了承された。今後も、新たな再生医療の臨床研究が計画あるいは着手されていくことが予想される。多くは、リスクの低い体細胞を用いた再生医療（3種）であるが、再生医療提供の定期報告も2017年3月末までに約2,140件に達している。その一方で、2014年にはSTAP細胞捏造事件、2017年8月の臍帯血投与無届け事件、2018（平成30）年1月の京大iPS論文不正事件と、再生医療における研究と臨床の両方の場で、不祥事も発生している。競争が激しい成長分野であるだけに、研究開発の推進とともに、倫理やコンプラインアスでの十分な配慮が必要との警鐘と捉えるべきであろう。

16 医療の産業化と国際化

1　医療の産業化

　医療は、いうまでもなく人々の安心・安全な暮らしを支える公共サービスインフラ（公共財）としての側面を持つと同時に、少子高齢化時代において成長が期待できる事業領域である。このため、最近では、医療分野の成長力を日本経済の活性化につなげようと、医療を産業という視点でとらえ、医薬品や医療機器など医療関連分野も包含した医療産業の振興を図ろうとする動きが活発化している。確かに、医療を産業として捉えることには、賛否両論があることも事実であるが、内閣府は、2013（平成25）年2月に、「わが国が世界最先端の医療技術・サービスを実現し、健康寿命世界一を達成すると同時に、それにより医療、医薬品、医療機器を戦略産業として育成し、日本経済再生の柱とすることを目指すため」の健康・医療戦略室を内閣府に設置した。

　医療分野の成長力を日本経済の再生に生かそうとする政策的動きは、1990年代はじめのバブル経済の崩壊により低迷する経済の活性化に向けた原動力として注目された規制改革にも見ることができる。1995（平成7）年に政府は規制緩和推進計画を策定し、1998（平成10）年の規制緩和推進3か年計画で医療・福祉の分野が追加された。その後、2001（平成13）年3月には、規制緩和は規制改革という用語に改められ、規制改革推進3か年計画が策定され、第1次小泉政権のもと、総合規制改革会議（2001年4月〜2004〈平成16〉年3月）が設置された。その後、規制改革・民間開放推進会議（2004年4月〜2007〈平成19〉年1月）、規制改革会議（2007年1月〜2010〈平成22〉年12月）と規制改革に関する政府の検討会議は改組されたが、医療・福祉分野の規制改革に関しては、重点分野として規制改革の関連する事項について、検討が継続された。

　これらの討議の結果、2003（平成15）年には、構造改革特区の1つである先端医療産業特区として、神戸市のポートアイランドにある神戸医療産業都市が認定された。また、株式会社形態による医療機関の運営など踏み込んだ討議も行われたが、本格的な解禁には至らなかった。しかしながら、2005（平成17）年に「かながわ医療産業特区」が構造改革特区に認定され、高度美容外科医療に限定して株式会社1社が診療所を運営するに至った。

　その後、自民党（自公連立）政権からの民主党を中心とする政権への政権交代を経て、民主党政権は、2010年6月に閣議決定した「新成長戦略」における7つの戦略の1つに、「ラ

イフイノベーションによる健康大国戦略」を盛り込み、2010年11月に医療イノベーショ
ン会議を設置した。この戦略は、「医療イノベーション（医薬品・医療機器や再生医療を
はじめとする最先端の医療技術の実用化等）を促進し、国際競争力の高い関連産業を育成
するとともに、その成果を国民の医療・健康水準の向上に反映させること」を目的とした
戦略で、戦略実行に向けて、2011（平成23）年1月に内閣府に「医療イノベーション会議」
の設置を決定した。2012（平成24）年6月には、政府は「医療イノベーション5か年戦略」
を策定したが、その後の衆議院議員総選挙で自民党が再び政権与党となり、安倍政権の成
立によって2013（平成25）年2月に同会議は廃止され、新たに内閣府に健康・医療戦略室
が設置された。

　2014（平成26）年には、世界最高水準の医療の提供に資する研究開発等により、健康長
寿社会に資することを目的とする「健康・医療戦略推進法」が可決され、2015（平成27）年
9月から施行された。

　内閣府は、健康・医療戦略推進本部を設置し、健康・医療戦略室を事務局とする健康・
医療戦略推進会議を設けた。同会議の下には、創薬支援ネットワーク協議会、次世代医療
機器開発推進協議会、ゲノム医療実現推進協議会、次世代医療ICT基盤協議会、健康・医
療戦略ファンドタスクフォース、次世代ヘルスケア産業協議会、国際医療展開タスクフォー
スを組織した。また、2015年4月には、日本初の医学・医療における各省庁横断的研究
開発推進組織として、「国立研究開発法人日本医療研究開発機構（AMED）」が創設された。
厚生労働省は、医薬品・医療機器産業の国際競争力の強化にも力を入れている。2016（平
成28）年5月には、医療機器政策に特化した政府初の基本計画である「国民が受ける医療
の質の向上のための医療機器の研究開発及び普及の促進に関する基本計画」を閣議決定し
た。2017（平成29）年12月には「医薬品産業強化総合戦略」の改訂版を発表している。

2　医療の国際化

　シンガポール、韓国やインドなどは海外から患者を積極的に受け入れ、診療を行ってい
る。このような海外からの患者を受け入れる事業は医療ツーリズムと称され、これら諸外
国ではサービス産業の1つの分野として発展を遂げている。このような状況を鑑み、
2010（平成22）年6月に政府が閣議決定した「新成長戦略」においても、外国人患者の受け
入れも「国際医療交流¹」として位置づけられた。「新成長戦略」では、将来の日本経済の成
長に向けて、医薬品、医療機器や再生医療の分野が輸出に注力すべき重点分野となった。
アジア、中東やロシアなど、病院を丸ごと輸出するという大きな構想も含め、予防や健診
も含め日本式医療を海外に移転しようとする各種プロジェクトがはじまった。

　厚生労働省は、世界トップ水準の健康寿命を達成している日本の経験と知見を新興市場

1　厚生労働省では、メディカルツーリズムや医療ツーリズムといった表現ではなく、国際医療交流という表現を用いている。

等各国への移転、外国人患者受入施設の認定や医療通訳養成・配置の支援など、外国人が安心して日本の医療機関を受診できる環境づくりを推進している。2011(平成23)年には、「外国人患者受入れ医療機関認証制度(JMIP)」を創設(一般財団法人日本医療教育財団が実施。2018(平成26)年3月13現在で認定施設は41医療機関)。

　特に、医療の国際化に力を入れている経済産業省は、サービス・ツーリズム(高度健診医療分野)研究会を開催し、2009(平成21)年8月に研究会の取りまとめを公表し、「国際医療サービス支援センター」についての実証調査を実施した。さらに、同研究会は2010年3月に、医療サービスの新たな市場の拡大のための方策を検討する「医療産業研究会」(座長：伊藤元重東京大学教授)の報告書を2010年6月に公表した。

　2011年には、日本の医療の国際展開を支援する組織として、一般財団法人Medical Excellence JAPANを設立した。同省は2010年度の補正予算での「医療サービス国際化推進事業」の開始以来、現在の医療技術・サービス拠点化促進事業などとして、外国人患者受入(インバウンド)および日本の医療技術・サービスの輸出等(アウトバウンド)の双方向で、数多くのプロジェクトを官民協力のもと展開している(図1)。

　民間ベースでも医療の国際化への取り組みは活発で、米国の病院評価機構からの医療の質と患者安全に対する国際認証であるJCI認証を取得している医療機関は25機関に達している(2018年4月末現在)。海外進出事例では、三井物産によるマレーシアの国際的病院グループ企業のIHHへの出資、豊田通商とセコム医療システムによるインドでのサクラ・ワールド・ホスピタルの運営、Kitahara Medical Strategies International、日揮と産業革新機構によるSunrise Healthcare Serviceの開業などの事例がある。

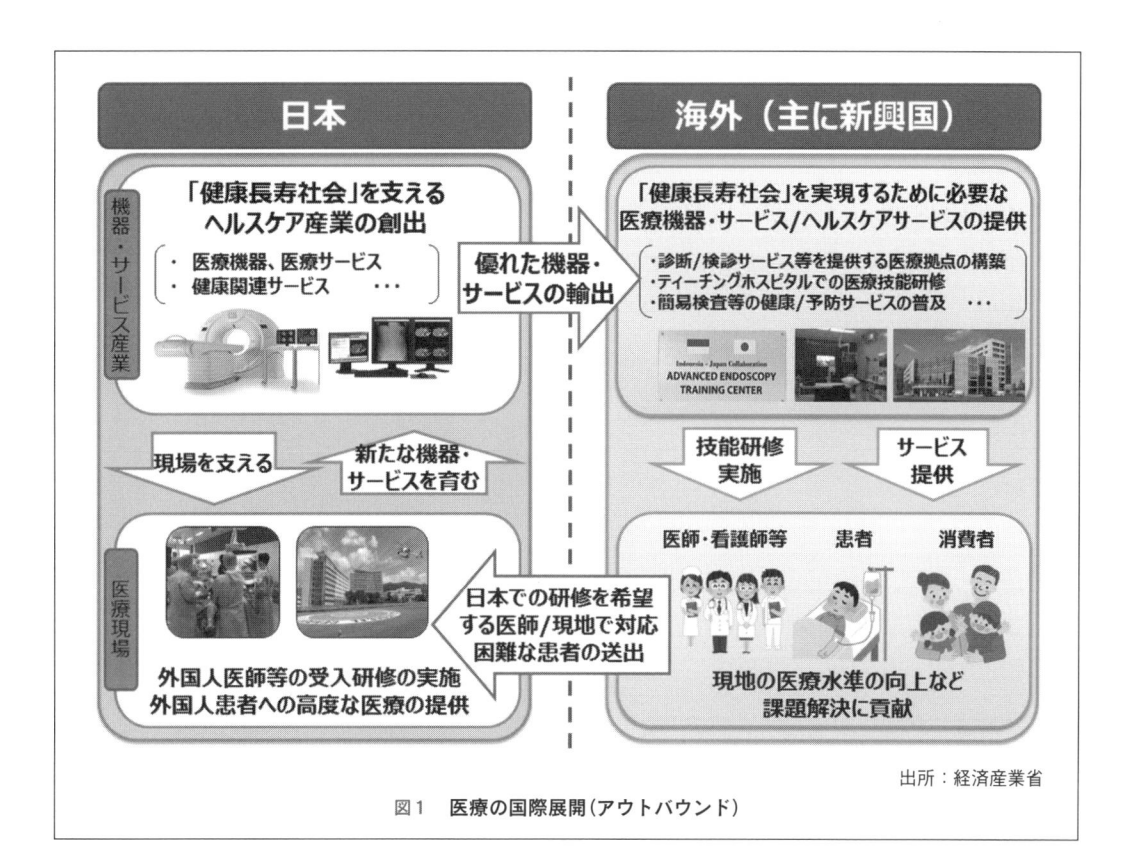

図1　医療の国際展開（アウトバウンド）

出所：経済産業省

年代	1940年代	1950年代	1960年代	1970年
動向	戦後医療体制の復興	社会保険医療体制の整備	国民皆保険に実施による量的拡大	来る高齢化社会を意識した医療体制の整備
時代のキーワード	戦後医療改革	公的医療機関急増	国民皆保険、民間病院増	老人医療費無料化、無医大県解消、寝たきり高齢者、社会的入院
保険・制度	1947年健康保険法改正（業務上傷病への給付廃止）、労働者災害補償保険法制定	1954年政府管掌健康保険に初めて国庫補助導入、1958年国民健康保険法（全面改正）施行	1961年国民皆保険制度確立（本人3割、家族5割自己負担）	1972年健康保険法改正（家族給付等を7割に引き上げ、高額療養費制度等）
	1948年国民健康保険法改正（市町村公営が原則で任意設立、強制加入）、社会保険診療報酬支払基金法制定、国家公務員共済組合法制定		1962年社会保険庁設置	1977年健康保険法改正（賞与対象に特別保険料創設）
			1968年国民健康保険法改正（本人・家族とも3割自己負担）	
医療	1948年7月医療法、医師法施行、医療法人制度、公的病院の設置に国庫補助	1951年　日本赤十字、厚生連、済生会などの公的病院の設置にも国庫補助導入、その後公的病院、民間病院とも数が増えていく	1960年、医療機関への融資を行う医療金融公庫創設	1973年2月　一県一医大構想
		1951年　結核予防法（新法）制定	1962年公的病院に病床規制	
看護	1946年11月日本産婆看護婦保健婦協会設立（1951年に日本看護協会に改称）	1950年完全看護制度導入	1967年11月日本看護学会発足	1973年第16回国際助産師連盟大会を東京で開催
	1947年7月保健婦助産婦看護婦令制定（1948年保健婦助産婦看護婦法に改称）	1958年基準看護制度導入		
薬事等	1943年薬事法制定	1952年日本初の血液銀行（現赤十字血液センター）である日本赤十字社東京血液銀行業務所が開業	1960年代には、サリドマイド事件、スモン事件等の医薬品の副作用被害が社会問題化	1974年処方箋料の大幅引上げで、以降の処方箋発行枚数は増加へ
		1955年に医薬分業法が成立（医師に調剤権を認めた）	1964年献血の推進を閣議決定	1979年医薬品副作用被害救済制度創設
介護・福祉	自立して生活ができない老人を対象とした生活扶助が中心。養老院など養老施設は生活保護的施設であった。老人の8割は自宅で亡くなっていた。		1963年老人福祉法制定（養護老人ホーム、特別養護老人、軽費老人ホームの設置、健康診査の実施）	1973年1月　老人医療費支給制度発足（1972年老人福祉法改正により老人医療費の無料化）
				1978年ショートスティ（短期入所介護）制度化
				1979年デイサービス（通所介護）制度化、寝たきり老人の統計的把握開始（厚生労働省）
社会・経済	1945年終戦、1947年日本国憲法公布	1952年サンフランシスコ平和条約、日米安全保障条約締結、1956年日本が国際連合加盟、1959年岩戸景気	1960年国民所得倍増計画、安保闘争、1964年東京オリンピック開催、東海道新幹線開業、1965年ベトナム戦争北爆開始、1966年いざなぎ景気、1969年アポロ11号月面着陸	1970年大阪万博開催、1972年沖縄返還、日中国交正常化、1973年第1次石油ショック、1976年ロッキード事件、1979年米中国交樹立

1980年代	1990年代	2000年代	2010年～2018年
医療資源の量的規制や医療費の抑制の時代へ	医療費適正化の時代	医療の効率化と質の確保	国民が安心してかかれる持続性のある医療
医師数抑制、病床規制、老人保健施設	少子高齢化、在宅医療、在宅福祉、拠出金、かかりつけ医、総合診療科	規制緩和、医療特区、医療制度改革、骨太の方針、個別化医療、再生医療、メタボリックシンドローム、特定健診・指導、医療安全、医療機関債、社会医療法人、メンタルヘルス	社会保障・税一体改革、消費税増税、診療報酬プラス改定、地域包括ケアシステム
1980年健康保険法改正（入院時家族給付8割へ引き上げ等）	1990年国民健康保険法改正（財政調整機能等）	2006年がん対策基本法制定、労働者の心の健康の増進のための指針（職場のメンタルヘルス）公表	2015年国保をはじめとする医療保険制度の財政基盤の安定化（国保への財政支援の充実、都道府県を財政運営の責任主体へ〔2018年4月施行〕、後期高齢者支援金の見直し）、紹介状なしの大病院受診時の定額負担の導入、ストレスチェック制度開始
1984年健康保険法改正（被保険者本人1割負担導入、特定療養費制度・高額医療費改善・退職者医療制度を創設）	1994年健康保険法改正（付添看護・介護に係る給付見直し、現役並み所得高齢者の医療費3割負担、在宅医療推進、入院時食事療養費創設、出産一時金創設）	2008年後期高齢者医療保険制度施行、特定保健診査・特定保健指導制度発足、職場のメンタルヘルスを推進	
1988年国民健康保険法改正（市町村の運営・保険基盤の強化等）	1997年健康保険法改正（被用者本人負担2割、外来薬剤一部負担等）		2016年短時間労働者への被用者保険の適用範囲の拡大、患者申出療養制度の創設
	1998年国民健康保険法改正（退職者に係る老人保健医療費拠出金負担の見直し等）		2018年高額療養費制度の見直し
1982年9月医学部定員の抑制を閣議決定	90年ごろに総合診療科が大学病院等に開設しはじめる（総合診療医の登場）	2001年第4次医療法改正施行（病床区分、卒後研修必修化等）	2013年健康日本21（第二次）スタート
1983年9月老人保健法施行	1993年第2次医療法改正施行（特定機能病院、療養型病床群を創設）	2002年東京慈恵会医科大学青戸病院で医療過誤事件が起こる 2004年医療機関債発行等のガイドライン公表	2015年地域医療構想策定ガイドライン通知、医療介護総合確保促進法施行 2015年6月保健医療2035公表
1985年8月第1次医療法改正施行（地域医療計画、病床規制）	1994年日本医師会会長が「かかりつけ医」推進を提唱	2007年第5次医療法改正施行（医師不足、4疾病5事業等） 2007年感染症予防法施行	2016年3月医療費適正化方針改正（後発医薬品使用割合80%を目指すなど） 2016年10月保健医療分野におけるICT活用推進懇談会、提言を公表
	1997年臓器の移植に関する法律施行（脳死認定による臓器移植が可能に）	2009年亀田総合病院がJCIを取得	2017年4月地域医療連携推進法人制度の施行 2017年6月第8次医療法改正公布
	1998年第3次医療法改正施行（インフォームド・コンセントの義務化、地域医療支援病院を創設）		2018年第8次医療計画の施行
	1999年横浜市立大学病院で患者取り違え事件、都立広尾病院薬剤取り違え事故が起こる		
1984年厚生労働省は病院看護管理指針を公表	1994年新看護制度導入、訪問看護療養費創設（診療報酬）、専門看護師認定制度の開始（日本看護協会）	2008 年日本とインドネシア並びにフィリピンとの間に交わされた経済連携協定（Economic Partnership Agreement: EPA）の批准に伴い、医療・介護分野における外国人研修生の受入が開始	2015年10月看護師等免許保持者の届出制度創設、特定行為に係る看護研修制度創設
	1997年付添看護禁止		2016年特定行為に係る看護師研修制度に関する事業スタート
1980年代には、非加熱性血液製剤によるHIV感染（薬害エイズ事件）が発生	1993年オーファンドラッグ（希少病薬）等開発促進制度、薬局業務運営ガイドラインを通知（厚生省）	2002年薬害C型肝炎集団訴訟おこる（2008年救済制度施行）	2013年健康・医療戦略室を内閣官房に設置
1980年GMP（医薬品の製造管理および品質管理の規則）が法制化	1994年日本CRO協会設立	2003年日本SMO協会設立	2007年医療者に対して、医薬品・医療機器による副作用報告を義務付け、新たな治験活性化5ヵ年計画を策定
		2005年薬事法改正で後発薬の啓発広告	2017年4月臨床研究法成立
	1998年新GCP施行	2004年独立行政法人医薬品医療機器総合機構（PMDA）発足、2005年薬事法改正により、製造販売承認制度を導入（自社工場がなくとも新医薬品の承認申請が可能に）	2017年5月厚生労働省は後発医薬品シェア（数量）目標を、2020年9月までに80%と設定。
1982年老人保健法制定	1994年ゴールドプランの見直し	2000年介護保険制度施行	2015年介護職員の処遇改善、認知症対策の推進、一定額以上の所得のあるものは2割負担へ
1986年老人保健法改正（一部負担改定、老人保健施設創設等）	1995年新ゴールドプランの実施	2008年後期高齢者医療制度施行	2017年介護医療院の創設決定。介護保険法改正（介護納付金への総報酬制の導入）
1989年ゴールドプラン（高齢者保健医療福祉十か年計画）策定し、在宅福祉サービスや施設サービスの整備目標を設定			2018年4月特に所得の高い者は3割負担へ
1980年第二次臨時行政調査会発足（財政再建、民営化）、1981年国際障害者年、日米貿易摩擦、1985年科学万博、1987年バブル景気、1989年昭和天皇崩御、消費税導入	1990年統一ドイツ誕生、ブラックマンデー（株価暴落）、1991年湾岸戦争、1994年記録的冷夏で米不足、1995年阪神淡路大震災、地下鉄サリン事件、1997年消費税5%、1998年長野オリンピック開催	2001年米国同時多発テロ、2003年イラク戦争はじまる、SARSの世界的流行、2008年リーマンショック	2009年社会保障給付費は100兆円を超える、2014年消費税率8%へ。日本再興戦略（改訂版）公表、2017年6月日本再興戦略の後継となる「未来投資戦略（健康寿命の延伸を含む）」をまとめる。

出所：国民衛生の動向、特集：日本の医療制度史（福岡市医師会）、年表：医療・福祉の制度の歴史（立命館大学グローバルCOEプログラム「生存学」創成拠点）、医療制度の歴史（構想日本）等の文献を基に、著者作成

問題 1 戦前・戦後の医療と福祉に関わる政策および制度について、以下の選択肢のうち誤っているものを1つ選びなさい。

［選択肢］

①日本の医療保険制度は戦前から存在し、原型はドイツの社会保険をモデルにしたものである。

②1961（昭和36）年に国民皆保険制度が確立したが、老人医療費の負担が完全に軽減されたのは、その後の老人医療費の無料化を待たなければならなかった。

③介護保険法では、介護報酬を3年ごとに改定することを定めている。これまでに、消費税（8％）引き上げへの対応となった2014（平成26）年および介護人材の処遇改善を行った臨時の2017（平成29）年を除き、2003（平成15）年、2006（平成18）年、2009（平成21）年、2012（平成24）年、2015（平成27）、2018（平成30）年と計6回の改定が行われたが、いずれも介護報酬は引き下げられた。

④地域医療計画に基づく病床数の総量規制が導入されたのは、1985（昭和60）年8月に施行された医療法の第1次改正によってである。

解答 1 ③

解説 1

①選択肢のとおり。

②選択肢のとおり。国民皆保険制度が確立した1961（昭和36）年当時は、高齢者が家族や国民健康保険加入者である場合には、医療費の3割あるいは5割を自己負担しなければならなかった。

③×：これまでの介護報酬全体の改定率は、2003年が－2.3％の引き下げ、2006年が－0.5％の引き下げ、2009年が＋3.0％の引き上げ、2012年が＋1.2％の引き上げ、2015年が－2.27％の引き下げ、2018年が＋0.54％の引き上げとなっている。

④選択肢のとおり。

確認問題

問題 2	下記の文章の空欄（ a ）〜（ d ）について、それぞれ①〜④に掲げた4つの語句の中から当てはまる語句を選びなさい。

［選択肢］

　1948（昭和23）年に、医療法が施行され、病院や診療所といった医療機関を担う（ a ）が創設され、医療サービスの提供を担う新しい法人格を有する事業体が法制化された。これにより、個人によらず法人として医療機関の開設資金の調達が可能となった。また、1960（昭和35）年には、病院や診療所の新設に低利融資を専門的に行う政府系金融機関である（ b ）が発足し、医療貸付事業が開始され、国民皆保険実施に伴う医療需要の増加に対応した医療機関の新設に向けた資金的支援体制も構築された。その後、都市部では民間病院を中心に、その数が増加していくこととなったが、1970年代に入ると、医師不足も問題化してきた。このため、1973（昭和48）年には、（ c ）が閣議決定され、医師の養成数を増加させる方針が決定された。また、このころになると、人口の高齢化率も7％を超え日本も高齢化社会が到来してきた。すでに、（ d ）の問題が社会的問題となっており、政府は1971（昭和46）年に高齢者福祉の拡充と量的整備を目的とした社会福祉施設緊急整備5カ年計画を策定した。

（ a ）①医療法人　　②財団法人　　③社団法人　　④株式会社

（ b ）①厚生農業協同組合連合会　　②環境衛生金融公庫　　③医療金融公庫
　　　④日本開発銀行

（ c ）①一村一医大構想　　②一県一医大構想　　③メディカル・スクール構想
　　　④自治医科大学構想

（ d ）①退職者　　②介護　　③社会的入院　　④寝たきり高齢者

解答 2　(a)①、(b)③、(c)②、(d)④

解説 2

a：①医療法人

1948（昭和23）年医療法が制定され、医療法人制度が発足し、病院や診療所といった医療機関を担う事業体として、「医療法人」という新たな法人格を有する事業体による医療供給体制の再整備が始まった。制度化当時は医療法人設立には常勤医師3人以上が必要で、常勤医師が1人でもよい1人医療法人の発足は1985（昭和60）年のことである。

b：③医療金融公庫

医療金融公庫は、現在の独立行政法人福祉医療機構の前身である。行政改革に伴い、1985年には、福祉貸付事業を行っていた社会福祉事業振興会と統合し、社会福祉・医療事業団となった。2003（平成15）年には、政府の特殊法人等整理合理化計画により独立行政法人化され、現在に至る。

現在も主力事業として、国の医療福祉政策に基づき、福祉施設や医療施設の新設や改修のために低利で長期融資事業である医療及び福祉貸付事業を行っている。民間金融機関との協調融資も手掛けている。

c：②一県一医大構想

1961年の国民皆保険制度の実施に伴うその後の医療需要に対応するために、国は、1970年に、数年以内に医学部入学定員を4,300人から6,000人に増員することを発表した。1973年には医師の偏在を解消するために、一県一医科大学を設置する目標を掲げた。これが、一県一医大構想で、1979年の琉球大学医学部設置で完了した。

d:　④寝たきり高齢者

高齢者の人口が増えていく中、当時は老人医療やリハビリテーションの体制がまだ発達していなかったこともあり、老衰や脳卒中等から寝たきり状態になる老人の増加が社会問題化していた。

確 認 問 題

問題 3 在宅医療について、以下の選択肢のうち正しいものを1つ選びなさい。

[選択肢]

①現在の在宅医療は、「往診」の延長として発展を遂げた診療形態である。

②保険医療として、はじめて認められた在宅医療は、「在宅悪性腫瘍指導管理」である。

③在宅医療が、医療法上に定義づけられたのは、「平成」になってからのことである。

④訪問看護制度は、創設当初から、高齢者に限らず、すべての年齢の患者を対象にしていた。

確認問題

解答　解説

解答 3 ③

解説 3

①×：日本の医療において病院医療のウェイトが高まっていく中、病院医療が適切ではない患者に向けた医療が在宅医療である。

②×：在宅悪性腫瘍指導管理より先に、1986（昭和61）年に、在宅自己注射指導管理と在宅腹膜灌流指導管理が保険診療として認められている。

③選択肢のとおり。医療法では、1992（平成4）年に在宅医療の法的位置づけが明記された。

④×：訪問看護は、1991（平成3）年に老人保険法の改正により、老人の在宅療養者を対象にスタートした。その後、3年後の1994（平成6）年に、すべての年齢の在宅療養者を対象とするよう拡大された。

参考文献

マイヤー・シュタイネック・ズートホフ著・小川鼎三監『図説医学の歴史』、朝倉書店、1982

大槻真一郎編訳『ヒポクラテス全集』、エンタプライズ、1988

WHO・R.バンナーマン他著・津谷喜一郎訳『世界伝統医学大全』、平凡社、1995

小林健一「医療・高齢者施設行政史」、『病院建築』No.145、社団法人日本医療福祉建築協会、2004

厚生省五十年史編集委員会「厚生省五十年史記述編」、(財)厚生問題研究会、1988

河口豊「病院の建築規模の推移に関する研究　その1」、『病院管理』Vol.33 No.3、1996

「医科点数表の解釈」、社会保険研究所

吉武泰水「200床総合病院モデル設計についてⅠ」、『病院』1951年4月号、医学書院、1951

伊藤誠ほか『新建築学大系31　病院の設計』第二版、彰国社、2000

川﨑寧史・山田あすか編著『テキスト建築計画』、学芸出版社、2010

栗原嘉一郎「病棟構成の基本を見直す」、『病院建築』No.88、社団法人日本医療福祉建築協会、1990

『医療福祉建築』No.161、社団法人日本医療福祉建築協会、2008

「特集クリーン・ホスピタル　新しい感染管理の流れ」、『近代建築』Vol.53、近代建築社、1999

「特集＋医療建築　EBDホスピタル」、『近代建築』Vol.63、近代建築社、2009

厚生労働事務次官通知「医療提供体制施設整備交付金の交付について」厚生労働省発医政第0405第15号、平成24年4月5日

厚生労働省医政局長：医療施設近代化施設整備事業実施要綱の一部改正について、医政発第0318010号、平成21年3月18日

福岡市医師会「特集：日本の医療制度史」『医療情報室レポート』100号(2006.9.15)
－ http://www.city.fukuoka.med.or.jp/jouhousitsu/report100.html

立命館大学「年表：医療・福祉の制度の歴史」－ http://www.arsvi.com/d/a06h.htm

構想日本「医療制度の歴史」－ http://www.kosonippon.org/temp/080709iryou.history.pdf

阿部實「福祉・保健・医療政策と高度福祉専門職の養成と研修体制」、日本社会事業大学研究紀要第55集P.117-125(2007)
－ http://www.jcsw.ac.jp/research/files/55_abe.pdf

土田武史「国民皆保険50年の軌跡」、季刊社会保障研究Vol.47第3号P.244-256(2011)
－http://www.ipss.go.jp/syoushika/bunken/data/pdf/19613904.pdf

国立保健医療科学院「第2章　医療事故の予防に関する取り組み」
－www.niph.go.jp/entrnce/pdf_file/chapter2.pdf

文部科学省および厚生労働省「地域の医師確保対策(2012)」(2012.9.10)
－http://www.mhlw.go.jp/stf/houdou/2r9852000002jej2.html

新田秀樹「国保評論・皆保険50年を振り返って(上)皆保険達成、医療の機会均等確保
の新時代に」国民健康保険中央会(2011.7.1)
－http://www.kokuho.or.jp/kokuhoshinbun/2011/2011-0822-1346-6.html

厚生労働省保険局高齢者医療課.高齢者医療制度について(2013.2.20)
－http://www.mhlw.go.jp/topics/2013/02/dl/tp0215-12-02p.pdf

厚生労働省保険局.高齢者医療制度の経緯等について.第58回社会保障審議会医療保険
部会(2012.11.16).資料3
－http://www.mhlw.go.jp/stf/shingi/2r9852000002oeje-att/2r9852000002oewc.
pdf

全国健康保険協会鳥取支部「高齢者医療制度について」第2回鳥取支部評議会参考資料

全国老人保健施設協会「第1部介護老人保健施設経営の持続的発展のために　第2章介
護保険制度施行10年を迎えて」『平成23年版介護白書』
－http://www5f.biglobe.ne.jp/~mmasuda/ronbun/10_10%20hakusho_1-2.pdf

株式会社ジェイ・エス・ディー・アイ「2003年の介護報酬の見直しの概要」
－http://www.jsdi.or.jp/~y_ide/030212minaoshi.htm

佐野文雄「指標.医療法改正の経過」『北海道医報』第880号P.2-5(1997.5.16)

厚生労働省医政局長通知「良質な医療を提供する体制の確立を図るための医療法等の一
部を改正する法律の一部の施行について」医政発第0330010号(2007.3.30)

医療法改正の概要(平成18年6月公布、平成19年4月施行)資料2
－http://www.mhlw.go.jp/shingi/2007/11/dl/s1105-2b.pdf

堀籠崇「GHQによる占領期医療制度の改革に関する指摘考察」『医療経済研究』Vol.20
No. 1 P.35-48(2008)
－http://www.ihep.jp/publications/study/search.php?dl=88&i=4

高橋美智「GHQが推進した看護改革」『週刊医学界新聞』第2219号(1996.11.25)
-http://www.igaku-shoin.co.jp/nwsppr/n1996dir/n2217dir/n2217_05.htm

黒田知宏「11群4編1章　病院情報システム」『知識ベース』電子通信情報学会(2010)
－http://www.ieice-hbkb.org/files/11/11gun_04hen_01.pdf

木原良彦「病院における医療情報システム」『技術士』Vol.21　5月号P.8-11(2009.5)

厚生労働省保健医療情報システム検討会「保健医療分野の情報化にむけてのグランドデ
ザイン」－http://www.mhlw.go.jp/shingi/0112/s1226-1a.html

IBM『コンピュータの歴史』IBM
－ http://www-06.ibm.com/ibm/jp/mugendai/no115/pdf/115m.pdf

秋葉保次「医薬分業の歴史」薬事日報社、2012
－ http://www.yakuji.co.jp/entry25360.html

樋口善郎「医薬分業と薬事行政」『京都大学文学部哲学研究室紀要』No. 8 P.109-123.2005

新芝君之ら「ジェネリック医薬品の利用増加による費用便益分析」東京大学公共政策大学院経済政策コース.公共政策の経済評価2007年度(2008.3.21)
－ http://www.pp.u-tokyo.ac.jp/courses/2007/13090/documents/13090-2.pdf

早瀬幸俊「医薬分業の問題点」『薬学雑誌』Vol.123No. 3 P.121-132(2003)

大澤清二「我が国における学校保健の意義、制度、歴史の総括」国際教育協力アーカイブス学校保健(2005.3)
－ http://e-archive.criced.tsukuba.ac.jp/data/doc/pdf/2005/04/200504012029.pdf

聖路加国際病院付属クリニック・予防医療センター「歴史・人間ドックの歴史」
－ http://dock.luke.or.jp/intro/history.html

公益社団法人日本人間ドック学会「日本人間ドック学会50年の歴史」
－ http://www.ningen-dock.jp/concerned/kinenshi/pdf/rekishi.pdf

厚生労働省ホームページ・予防接種後健康被害救済制度
－ http://www.mhlw.go.jp/bunya/kenkou/kekkaku-kansenshou20/kenkouhigai_kyusai/

(注記)
参考文献に記載しました各資料のインターネット上のアドレスにつきましては、2013年6月21日現在の情報です。その後、予告なく削除や変更がなされる可能性があります。

索　引

[B]

BCG ・・・・・・・・・・・・・・・・・・・・・・・・・・96

BCP（事業継続計画）・・・・・・・・・・・・・・・・42

[D]

DMAT（災害派遣医療チーム）・・・・・・・43

DNA ・・・・・・・・・・・・・・・・・・・・・・・・・・13

DPC（診断群分類別包括評価制度）

・・・・・・・・・・・・・・・・・・・・・・・ 54, 55

DPTワクチン ・・・・・・・・・・・・・・・・・・・95

[I]

iPS細胞（人工多能性細胞）・・・・・・・・・・100

ISO9000 ・・・・・・・・・・・・・・・・・・・・・・・54

[J]

JCI・・・・・・・・・・・・・・・・・・・・・・・・・・・54

[P]

PACS ・・・・・・・・・・・・・・・・・・・・・・・・・83

PFI ・・・・・・・・・・・・・・・・・・・・・・・・・・77

PHR（パーソナルヘルス・レコード）・・83

[あ]

アスクレピオス・・・・・・・・・・・・・・・・・ 5, 16

[い]

医学の父・・・・・・・・・・・・・・・・・・・・・・・・・6

医事会計システム・・・・・・・・・・・・・・・・・・82

医師過剰・・・・・・・・・・・・・・・・・・・ 49, 52

異人宿・・・・・・・・・・・・・・・・・・・・・・・・・18

一県一医大構想・・・・・・・・・・・・・・・・・・・49

遺伝子工学・・・・・・・・・・・・・・・・・・・・・・13

遺伝子診断・・・・・・・・・・・・・・・・・・・・・・93

遺伝法則・・・・・・・・・・・・・・・・・・・・・・・13

イムホテップ・・・・・・・・・・・・・・・・・・・・・5

医薬品副作用被害救済基金法・・・・・・・・・・50

医薬分業・・・・・・・・・・・・・・・・・・・・・・・86

医療安全・・・・・・・・・・・・・・・・・・・ 54, 57

医療イノベーション・・・・・・・・・・・・・・・103

医療・介護総合確保推進法・・・・・・・・・・・71

医療行政史・・・・・・・・・・・・・・・・・・・・・26

医療金融公庫・・・・・・・・・・・・・・・・・・・・49

医療計画・・・・・・・・・・・・・・・・・・・・・・・73

医療事故・・・・・・・・・・・・・・・・・・・ 54, 76

医療制度改革大綱・・・・・・・・・・・・・・・・・53

医療ツーリズム・・・・・・・・・・・・・・・・・・103

医療法・・・・・・・・・・・・・・・・・・・・ 48, 73

医療崩壊・・・・・・・・・・・・・・・・・・・ 50, 74

医療法改正・・・・・・・・・・・・・・・・・・・・・73

医療法人・・・・・・・・・・・・・・・・・・・・・・・73

医療法人制度・・・・・・・・・・・・・・・・・・・・48

インド医学（アーユルヴェーダ）・・・・・・13

院内感染・・・・・・・・・・・・・・・・・・・・・・・74

インフォームド・コンセント・・・・・・・・・74

[え]

X線・・・・・・・・・・・・・・・・・・・・・・12

遠隔医療・・・・・・・・・・・・・・・・・・84

[お]

往診・・・・・・・・・・・・・・・・・・・・・・69

オーダーエントリーシステム・・・・・・・・83

[か]

海軍病院・・・・・・・・・・・・・・・・・・23

かかりつけ薬局・・・・・・・・・・・・・・88

介護医療院・・・・・・・・・・・・・・・・67

介護報酬・・・・・・・・・・・・・・・・・・66

介護保険制度・・・・・・・・・・・・・・・65

介護療養病床・・・・・・・・・・・・・・・67

隔離病院・・・・・・・・・・・・・・・・・・21

画像診断機器・・・・・・・・・・・・・・・85

画像診断学・・・・・・・・・・・・・・・・12

学校保健法・・・・・・・・・・・・・・・・91

ガレノス・・・・・・・・・・・・・・・・・・11

がん検診・・・・・・・・・・・・・92, 94

看護単位・・・・・・・・・・・・・・・・・・34

完全看護・・・・・・・・・・・・・・・・・・79

感染管理・・・・・・・・・・・・・・・・・・38

感染症新法・・・・・・・・・・・・・・・・96

[き]

基準看護制度・・・・・・・・・・・・・・・79

規制改革会議・・・・・・・・・・・・・・・53

規制改革・民間開放推進会議・・・・・・・53

救貧院・・・・・・・・・・・・・・・・・・・・18

協会けんぽ・・・・・・・・・・・・・・・・59

共済組合・・・・・・・・・・・・・・・・・・59

近世解剖学・・・・・・・・・・・・・・・・10

[く]

薬師・・・・・・・・・・・・・・・・・・・・・・3

[け]

経験医学・・・・・・・・・・・・・・・・・・6

外科革命・・・・・・・・・・・・・・・・・・13

外科病院・・・・・・・・・・・・・・・・・・20

血液循環説・・・・・・・・・・・・・・・・11

結核予防法・・・・・・・・・・・・・・・・90

結核療養所・・・・・・・・・・・・・・・・48

血清学・・・・・・・・・・・・・・・・・・・・12

検疫・・・・・・・・・・・・・・・・・・・・・・21

健康増進法・・・・・・・・・・・・・・・・92

原始医療・・・・・・・・・・・・・・・・・・2

[こ]

小石川養生所・・・・・・・・・・・・・・・22

後期高齢者・・・・・・・・・・・・・・・・62

後期高齢者医療制度・・・・・・・・・・・63

抗生物質・・・・・・・・・・・・・・・・・・13

合成薬品・・・・・・・・・・・・・・・・・・13

構造改革特区法・・・・・・・・・・・・・53

後発医薬品（ジェネリック医薬品）

・・・・・・・・・・・・・・・・・・・・54, 87

神戸医療産業都市・・・・・・・・・・・102

公立病院・・・・・・・・・・・・・・・・・・23

高齢化社会・・・・・・・・・・・・・・・・49

高齢者医療制度・・・・・・・・・・・・・56

高齢者医療保険・・・・・・・・・・・・・・・・・・60
ゴールドプラン・・・・・・・・・・・・・ 52, 60
国際医療交流・・・・・・・・・・・・・・・・・103
国民健康保険・・・・・・・・・・・・・・・・・・59
国民皆保険・・・・・・・・・・・・・・・ 49, 59
国立高度専門医療研究センター・・・・・・・27
孤児院・・・・・・・・・・・・・・・・・・・・・18
古代医学・・・・・・・・・・・・・・・・・・・・10
コッホ・・・・・・・・・・・・・・・・・・・・・12
コムスン事件・・・・・・・・・・・・・・・・・・65

[さ]

災害・・・・・・・・・・・・・・・・・・・・・・42
災害派遣医療チーム（DMAT）・・・・・・・43
細菌学・・・・・・・・・・・・・・・・・・・・・12
再興感染症・・・・・・・・・・・・・・・・・・・97
再生医療・・・・・・・・・・・・・・・ 13, 100
在宅医療・・・・・・・・・・・・・・・・・・・・69
在宅療養支援病院・・・・・・・・・・・・・・・70
在宅療養支援診療所・・・・・・・・・・・・・・70
催眠療法・・・・・・・・・・・・・・・・・・・・16
佐藤尚中・・・・・・・・・・・・・・・・・・・・23
サリドマイド事件・・・・・・・・・・・・・・・49
3分間診療・・・・・・・・・・・・・・・・・・53

[し]

ジェネリック医薬品（後発薬）・・・・ 54, 87
子宮がん検診・・・・・・・・・・・・・・・・・93
子宮頸がんワクチン・・・・・・・・・・・・・・96
次世代医療基盤法・・・・・・・・・・・ 57, 84
施設整備交付金・・・・・・・・・・・・・・・・40
実証的医学・・・・・・・・・・・・・・・・・・11

自費健診・・・・・・・・・・・・・・・・・・・・92
シャーマン・・・・・・・・・・・・・・・・・・・3
社会医療法人債・・・・・・・・・・・・・・・・77
社会的入院・・・・・・・・・・・・・・・・・・・50
社会保険診療報酬支払基金・・・・・・・・・・60
社会保障制度改革国民会議・・・・・・ 56, 63
社会保障制度改革推進法・・・・・・・・・・・56
自由診療・・・・・・・・・・・・・・・・・・・・48
集団健康診断・・・・・・・・・・・・・・・・・90
出生前診断・・・・・・・・・・・・・・・・・・93
将来の医師需給に関する検討委員会・・・52
私立病院・・・・・・・・・・・・・・・・・・・・23
神官・・・・・・・・・・・・・・・・・・・・・・4
新興感染症・・・・・・・・・・・・・・・・・・98
新ゴールドプラン・・・・・・・・・・・・・・・60
新成長戦略・・・・・・・・・・・・・・・・・103
診断群分類別包括評価制度（DPC）・・・55
診療報酬債権・・・・・・・・・・・・・・・・・77

[す]

捨子院・・・・・・・・・・・・・・・・・・・・18
スモン事件・・・・・・・・・・・・・・・・・・49

[せ]

生活習慣病・・・・・・・・・・・・・・・・・・91
精神医学・・・・・・・・・・・・・・・・・・・・21
成人病検診・・・・・・・・・・・・・・・・・・94
西洋医学・・・・・・・・・・・・・・・・・・・・10
施薬院・・・・・・・・・・・・・・・・・・・・・22
先進医療・・・・・・・・・・・・・・・・・・・・99
先進医療A・・・・・・・・・・・・・・・・・100
先進医療B・・・・・・・・・・・・・・・・・100

先端医療産業特区・・・・・・・・・・・・・・・・・・102

[そ]

総合病院・・・・・・・・・・・・・・・・・・・・・・・・20

[た]

第1次〜第8次医療法改正・・・・・ 73, 74, 75

退職者医療制度・・・・・・・・・・・・・・・・・・・62

打聴診法・・・・・・・・・・・・・・・・・・・・・・・・12

[ち]

地域医療連携推進法人・・・・・・・・・・・・・・・75

地域枠・・・・・・・・・・・・・・・・・・・・・・・・・51

中国医学・・・・・・・・・・・・・・・・・・・・・・・13

治療神・・・・・・・・・・・・・・・・・・・・・・・・・4

[つ]

付添看護・・・・・・・・・・・・・・・・・・・・・・・81

ツベルクリン反応検査・・・・・・・・・・・・・・・96

[て]

データヘルス計画・・・・・・・・・・・・・・・・・・84

デジタル医療・・・・・・・・・・・・・・・・・・・・83

電子カルテ・・・・・・・・・・・・・・・・・・・・・・83

電子顕微鏡・・・・・・・・・・・・・・・・・・・・・・13

伝統医学・・・・・・・・・・・・・・・・・・・・・・・10

[と]

統合医療情報システム（HIS・病院総合情
　報システム）・・・・・・・・・・・・・・・・・・・83

ドゥ・ハエン・・・・・・・・・・・・・・・・・・・・20

動物実験・・・・・・・・・・・・・・・・・・・・・・・11

東洋医学・・・・・・・・・・・・・・・・・・・・・・・10

特定機能病院・・・・・・・・・・・・・・・・・・・・73

特定健康診査・・・・・・・・・・・・・・・・・ 54, 91

特定保健指導・・・・・・・・・・・・・・・・・ 54, 91

特定療養費制度・・・・・・・・・・・・・・・・・・99

どこでもMY病院・・・・・・・・・・・・・・・・・84

[な]

長崎養生所・・・・・・・・・・・・・・・・・・・・・22

[に]

日本医療機能評価機構・・・・・・・・・・・・・・53

日本医療団・・・・・・・・・・・・・・・・・・・・・48

日本看護協会・・・・・・・・・・・・・・・・・・・・79

入院付添・・・・・・・・・・・・・・・・・・・・・・・81

乳がん検診・・・・・・・・・・・・・・・・・・・・・93

人間ドック・・・・・・・・・・・・・・・・・・・・・92

忍性・・・・・・・・・・・・・・・・・・・・・・・・・・22

[ね]

寝たきり高齢者・・・・・・・・・・・・・・・・・・50

[は]

ハーヴェイ・・・・・・・・・・・・・・・・・・・・・11

パーソナルヘルス・レコード（PHR）・・83

バイオベンチャー・・・・・・・・・・・・・・・・・87

梅毒病院・・・・・・・・・・・・・・・・・・・・・・・23

麻疹風疹ワクチン・・・・・・・・・・・・・・・・・96

パスツール・・・・・・・・・・・・・・・・・・・・・12

パンデミック・・・・・・・・・・・・・・・・・・・98

[ひ]

ピー・エフ・アイ・・・・・・・・・・・・・・・・・・・・77
ヒーラー・・・・・・・・・・・・・・・・・・・・・・・・・・・・3
非営利法人・・・・・・・・・・・・・・・・・・・・・・・・77
悲田院・・・・・・・・・・・・・・・・・・・・・・・・・・22
ピネル・・・・・・・・・・・・・・・・・・・・・・・・・21
ヒブワクチン・・・・・・・・・・・・・・・・・・・・・96
ヒポクラテス・・・・・・・・・・・・・・・・・・・・・6
病院看護・・・・・・・・・・・・・・・・・・・・・・・19
病院管理・・・・・・・・・・・・・・・・・・・・・・・30
病院の部門構成・・・・・・・・・・・・・・・・32
病因論・・・・・・・・・・・・・・・・・・・・・・・・11
評価療養・・・・・・・・・・・・・・・・・・・・・・・99
病室・・・・・・・・・・・・・・・・・・・・・・・・・・・36
被用者保険・・・・・・・・・・・・・・・・・・・・・59
病床数の総量規制・・・・・・・・・・・・・・・52
病棟・・・・・・・・・・・・・・・・・・・・・・・・・・・34
病理解剖学・・・・・・・・・・・・・・・・・11, 20
ビルロート・・・・・・・・・・・・・・・・・・・・・13

[ふ]

副作用報告制度・・・・・・・・・・・・・・・・・97
福祉医療機構・・・・・・・・・・・・・・・49, 77
ブールハーフェ・・・・・・・・・・・・・・・・・20

[へ]

ヘルスケアリート・・・・・・・・・・・・・・・78

[ほ]

保険外併用療養費制度・・・・・・・・・・・・99
保健婦助産婦看護婦法・・・・・・・・・・・・79

[ま]

母子保健法・・・・・・・・・・・・・・・・・・・・・91
骨太の方針2005・・・・・・・・・・・・・・・・54
ポリオ・・・・・・・・・・・・・・・・・・・・・・・95
ポンペ・ファン・メーデルフォールト・・22

[ま]

松本良順・・・・・・・・・・・・・・・・・・・・・23
マンモグラフィー・・・・・・・・・・・・・・・93

[め]

メタボ検診・・・・・・・・・・・・・・・・・・・・54
メディカル・スクール・・・・・・・・・・・50
メディシン・マン・・・・・・・・・・・・・・・3
免疫学・・・・・・・・・・・・・・・・・・・・・・・12
メンタルヘルス・・・・・・・・・・・・・・・・54
メンデル・・・・・・・・・・・・・・・・・・・・・13

[も]

モルガーニ・・・・・・・・・・・・・・・・・・・・11
門前薬局・・・・・・・・・・・・・・・・・・・・・87

[や]

薬害肝炎被害者救済法・・・・・・・・・・・・54
薬事法・・・・・・・・・・・・・・・・・・・・・・・50
薬価差益・・・・・・・・・・・・・・・・・・・・・86

[ゆ]

ユナニ・・・・・・・・・・・・・・・・・・・・・・・13

[よ]

ヨガ・・・・・・・・・・・・・・・・・・・・・・・・13
予防接種・・・・・・・・・・・・・・・・・・・・・95

予防接種健康被害者救済制度·········97

予防接種法····················95

4体液説·····················11

[ら]

らい患者·····················19

ライフイノベーションによる健康大国戦略

·····················103

[り]

リート（不動産投資信託、REIT）·····77

陸軍病院····················23

療養型病床···················56

療養型病床群·················73

臨床教育····················20

[れ]

レーウエンフック·············12

レントゲン··················12

[ろ]

老人医療費の無料化············ 50, 61

老人福祉法·················· 49, 61

老人保健法··················52

著者紹介

酒井　シヅ（さかい・しづ）

（第1章、第2章、第3章）

1935年、静岡県生まれ。1960年、三重県立大学医学部卒業、1967年、東京大学大学院医学研究科修了。順天堂大学医学部講師、教授を経て、現在、同大学名誉教授・医学部特任教授。元日本医史学会理事長。医学博士。主な著書に『日本の医療史』（東京書籍）、『病が語る日本史』（講談社）、編著書に『疫病の時代』（大修館書店）など多数がある。日本における医学・医療史の第一人者として世界的な活動を展開し、ドラマ化もされた人気コミック『JIN―仁』における医療指導・監修も務める。

小林　健一（こばやし・けんいち）

（第4章）

国立医療・病院管理研究所施設計画研究部研究員を経て、現在、国立保健医療科学院施設科学部主任研究官。主な研究テーマは医療福祉施設の建築計画、病院管理など。

浅野　信久（あさの・のぶひさ）

（第5章）

1983年、筑波大学大学院医科学研究科修了。シンクタンク等で医療制度や医薬品・医療機器等の産業領域の調査研究に従事。2001年、筑波大学大学院医学研究科修了。社会医学分野で博士（医学）取得、東京大学大学院客員研究員（公衆衛生学教室）として、国内外の医療制度や経営モデルを調査研究。『医療白書』（日本医療企画）などに、デジタルヘルス、AI、ロボット、働き方改革などに関するレポートを寄稿。

『医療経営士テキストシリーズ』　総監修

川渕　孝一（かわぶち・こういち）

1959年生まれ。1983年、一橋大学商学部卒業後、民間病院・企業を経て、1987年、シカゴ大学経営大学院でMBA取得。国立医療・病院管理研究所、国立社会保障・人口問題研究所勤務、日本福祉大学経済学部教授、日医総研主席研究員、経済産業研究所ファカルティ・フェロー、スタンフォード大学客員研究員などを経て、現在、東京医科歯科大学大学院教授。主な研究テーマは医業経営、医療経済、医療政策など。『2040年の薬局』（薬事日報社）、『第六次医療法改正のポイントと対応戦略60』『病院の品格』（いずれも日本医療企画）、『医療再生は可能か』（筑摩書房）、『医療改革～痛みを感じない制度設計を～』（東洋経済新報社）など著書多数。

「医療経営士」が今、なぜ必要か？

マネジメントとは経営学で「個人が単独では成し得ない結果を達成するために他人の活動を調整する行動」と定義される。医療機関にマネジメントがないということは、「コンサートマスターのいないオーケストラ」、「参謀のいない軍隊」のようなものである。

わが国の医療機関は、収入の大半を保険診療で得ているため、経営層はどうしても「診療報酬をいかに算定するか」「制度改革の行方はどうなるのか」という面に関心が向いてしまう。これは"制度ビジネス"なので致し方ないが、現在、わが国の医療機関に求められているのは「医療の質の向上と効率化の同時達成」だ。この二律相反するテーマを解決するには、医療と経営の質の両面を理解した上で病院全体をマネジメントしていくことが求められる。

医療経営の分野においては近年、医療マーケティングやバランスト・スコアカード、リエンジニアリング、ペイ・フォー・パフォーマンスといった経営手法が脚光を浴びてきた。しかし、実際の現場に根づいているかといえば、必ずしもそうとは言えない。その大きな原因は、医療経営に携わる職員がマネジメントの基礎となる真の知識を持ち合わせていないことだ。

医療マネジメントは、実践科学である。しかし、その理論や手法に関する学問体系の整備は遅れていたため、医療関係者が実践に則した形で学ぶことができる環境がほとんどなかったのも事実である。

そこで、こうした医療マネジメントを実践的かつ体系的に学べるテキストブックとして期待されるのが、本『医療経営士テキストシリーズ』である。目指すは、医療経営に必要な知識を持ち、医療全体をマネジメントしていける「人財」の養成だ。

なお、本シリーズの特徴は、初級・中級・上級の3級編になっていること。初級編では、初学者に不可欠な医療制度や行政の仕組みから倫理まで一定の基礎を学ぶことができる。また、中級編では、医療マーケティングや経営戦略、組織改革、財務・会計、物品管理、医療IT、チーム力、リーダーシップなど、「ヒト・モノ・カネ・情報」の側面からマネジメントに必要な知識が整理できる。そして上級編では、各種マネジメントツールの活用から保険外事業まで医療機関のトップや経営参謀を務めるスタッフに必須となる事案を網羅している。段階を踏みながら、必要な知識を体系的に学べるように構成されている点がポイントだ。

テキストの編著は医療経営の第一線で活躍している精鋭の研究者や実務家である。そのため、内容はすべて実践に資するものになっている。医療マネジメントを体系的にマスターしていくために、初級編から入り、ステップアップしていただきたい。

医療マネジメントは知見が蓄積されていくにつれ、日々進歩していく科学であるため、テキストブックを利用した独学だけではすべてをフォローできない面もあるだろう。そのためテキストブックは改訂やラインアップを増やすなど、日々進化させていく予定だ。また、執筆者と履修者が集まって、双方向のコミュニケーションを行える検討会や研究会といった「場」を設置していくことも視野に入れている。

本シリーズが医療機関に勤務する事務職はもとより、医師や看護職、そして医療関連サービスの従事者に使っていただき、そこで得た知見を現場で実践していただければ幸いである。そうすることで一人でも多くの病院経営を担う「人財」が育ち、その結果、医療機関の経営の質、日本の医療全体の質が高まることを切に願っている。

『医療経営士テキストシリーズ』総監修
川渕　孝一

■初級テキストシリーズ（全8巻）

巻	タイトル	編著者代表
1	医療経営史—医療の起源から巨大病院の出現まで［第3版］	酒井シヅ（順天堂大学名誉教授・特任教授／元日本医史学会理事長）
2	日本の医療政策と地域医療システム—医療制度の基礎知識と最新動向［第4版］	尾形裕也（九州大学名誉教授）
3	日本の医療関連法規—その歴史と基礎知識［第4版］	平井謙二（医療経営コンサルタント）
4	病院の仕組み／各種団体、学会の成り立ち—内部構造と外部環境の基礎知識［第3版］	木村憲洋（高崎健康福祉大学健康福祉学部医療情報学科准教授）
5	診療科目の歴史と医療技術の進歩—医療の細分化による専門医の誕生、総合医・一般医の役割［第3版］	上林茂暢（龍谷大学社会学部地域福祉学科名誉教授）
6	日本の医療関連サービス—病院を取り巻く医療産業の状況［第3版］	井上貴裕（千葉大学医学部附属病院副病院長・病院経営管理学研究センター長）
7	患者と医療サービス—患者視点の医療とは［第3版］	深津博（愛知医科大学病院医療情報部特任教授／日本医療コンシェルジュ研究所理事長）
8	医療倫理／臨床倫理—医療人としての基礎知識	箕岡真子（東京大学大学院医学系研究科医療倫理学分野客員研究員／箕岡医院院長）

■中級テキストシリーズ(全19巻)

【一般講座】(全10巻)

巻	タイトル	編著者代表
1	医療経営概論—病院の経営に必要な基本要素とは	吉長成恭（広島国際大学大学院医療経営学専攻教授）
2	経営理念・ビジョン／経営戦略—経営戦略実行のための基本知識	鐘江康一郎（聖路加国際病院経営企画室）
3	医療マーケティングと地域医療—患者を顧客としてとらえられるか	真野俊樹（多摩大学統合リスクマネジメント研究所教授）
4	医療ITシステム—診療情報の戦略的活用と地域包括ケアの推進	瀬戸僚馬（東京医療保健大学保健学部医療情報学科准教授）
5	組織管理／組織改革—改革こそが経営だ!	冨田健司（同志社大学商学部商学科准教授）
6	人的資材管理—ヒトは経営の根幹	米本倉基（岡崎女子短期大学教授）
7	事務管理／物品管理—コスト意識を持っているか?	山本康弘（国際医療福祉大学医療福祉・マネジメント学科教授）
8	財務会計／資金調達(1)財務会計	橋口徹（日本福祉大学福祉経営学部教授）
9	財務会計／資金調達(2)資金調達	福永肇（藤田保健衛生大学医療科学部医療経営情報学科教授）
10	医療法務／医療の安全管理—訴訟になる前に知っておくべきこと	須田清（弁護士／大東文化大学法科大学院教授）

【専門講座】(全9巻)

巻	タイトル	編著者代表
1	診療報酬制度と医業収益—病院機能別に考察する戦略的経営 [第4版]	井上貴裕（千葉大学医学部附属病院副病院長・病院経営管理学研究センター長）
2	広報・広告／ブランディング—集患力をアップさせるために	石田章一（日本HIS研究センター代表理事／ビジョンヘルスケアズ代表）
3	部門別管理—目標管理制度の導入と実践	西村周三（京都大学理事・副学長）、 森田直行（京セラマネジメントコンサルティング代表取締役会長兼社長／前京セラ代表取締役副会長）
4	医療・介護の連携—地域包括ケアと病院経営 [第4版]	橋爪章（元保健医療経営大学学長）
5	経営手法の進化と多様化—課題・問題解決力を身につけよう	鐘江康一郎（聖路加国際病院経営企画室）
6	創造するリーダーシップとチーム医療—医療イノベーションの創発	松下博宣（東京農工大学大学院技術経営研究科教授）
7	業務改革—病院活性化のための効果的手法	白濱伸也（日本能率協会コンサルティング品質経営事業部シニア・コンサルタント）
8	チーム医療と現場力—強い組織と人材をつくる病院風土改革	白髪昌世（広島国際大学医療経営学部医療経営学科教授）
9	医療サービスの多様化と実践—患者は何を求めているのか	島田直樹（ビー・アンド・イー・ディレクションズ代表取締役）

■上級テキストシリーズ(全13巻)

巻	タイトル	編著者代表
1	病院経営戦略論—経営手法の多様化と戦略実行にあたって	尾形裕也（九州大学大学院医学研究院医療経営・管理学講座教授）
2	バランスト・スコアカード—その理論と実践	荒井耕（一橋大学大学院商学研究科管理会計分野准教授）、 正木義博（社会福祉法人恩賜財団済生会横浜市東部病院院長補佐）
3	クリニカルパス／地域医療連携 —医療資源の有効活用による医療の質向上と効率化	濃沼信夫（東北大学大学院医学系研究科教授）
4	医工連携—最新動向と将来展望	田中紘一（公益財団法人神戸国際医療交流財団理事長）
5	医療ガバナンス—医療機関のガバナンス構築を目指して	内田亨（西武文理大学サービス経営学部健康福祉マネジメント学科准教授）
6	医療品質経営—患者中心医療の意義と方法論	飯塚悦功（東京大学大学院工学系研究科医療社会システム工学寄付講座特任教授）、 水流聡子（東京大学大学院工学系研究科医療社会システム工学寄付講座特任教授）
7	医療情報セキュリティマネジメントシステム (ISMS)	紀ノ定保臣（岐阜大学大学院医学系研究科医療情報学分野教授）
8	医療事故とクライシスマネジメント —基本概念の理解から危機的状況の打開まで	安川文朗（熊本大学法学部公共社会政策論講座教授）
9	DPCによる戦略的病院経営—急性期病院経営に求められるDPC活用術	松田晋哉（産業医科大学医学部教授（領域公衆衛生学）
10	経営形態—その種類と選択術	羽生正宗（山口大学大学院経済学研究科教授／税理士）
11	医療コミュニケーション—医療従事者と患者の信頼関係構築	荒木正見（九州大学哲学会会長、地域健康文化学研究所所長）、 荒木登茂子（九州大学大学院医学研究院医療経営・管理学講座医療コミュニケーション学分野教授）
12	保険外診療／附帯業務—自由診療と医療関連ビジネス	浅野信久（大和証券キャピタル・マーケッツ コーポレートファイナンス第一部担当部長／東京大学大学院客員研究員）
13	介護経営—介護事業成功への道しるべ	小笠原浩一（東北福祉大学大学院総合福祉学研究科教授／ラウレア応用科学大学国際諮問委員・研究フェロー）

※肩書きはテキスト執筆時のものです

医療経営士●初級テキスト1［第3版］

医療経営史——医療の起源から巨大病院の出現まで

2018年7月24日　第3版第1刷発行
2018年12月14日　第3版第2刷発行

編　　著　酒井 シヅ
発 行 人　林　　諄
発 行 所　株式会社 日本医療企画
　　　　　〒101-0033　東京都千代田区神田岩本町4 -14　神田平成ビル
　　　　　TEL 03-3256-2861（代）　　http://www.jmp.co.jp
　　　　　「医療経営士」専用ページ　http://www.jmp.co.jp/mm/
印 刷 所　図書印刷 株式会社